本书获重庆工商大学学术专著出版
和重庆工商大学应用经济学学科建设

中国慈善税收
优惠制度改革研究

ZHONGGUO CISHAN SHUISHOU
YOUHUI ZHIDU GAIGE YANJIU

杨娟 著

中国财经出版传媒集团
经济科学出版社
Economic Science Press

图书在版编目（CIP）数据

中国慈善税收优惠制度改革研究/杨娟著. —北京：经济科学出版社，2021.11

ISBN 978-7-5218-2808-5

Ⅰ.①中… Ⅱ.①杨… Ⅲ.①慈善事业－税收减免－税制改革－研究－中国 Ⅳ.①D632.1②F812.423

中国版本图书馆 CIP 数据核字（2021）第 170020 号

责任编辑：周胜婷
责任校对：刘　昕
责任印制：张佳裕

中国慈善税收优惠制度改革研究

杨　娟　著

经济科学出版社出版、发行　新华书店经销
社址：北京市海淀区阜成路甲 28 号　邮编：100142
总编部电话：010-88191217　发行部电话：010-88191522
网址：www.esp.com.cn
电子邮箱：esp@esp.com.cn
天猫网店：经济科学出版社旗舰店
网址：http://jjkxcbs.tmall.com
固安华明印业有限公司印装
710×1000　16 开　11.25 印张　200000 字
2021 年 11 月第 1 版　2021 年 11 月第 1 次印刷
ISBN 978-7-5218-2808-5　定价：69.00 元
(图书出现印装问题，本社负责调换。电话：010-88191510)
(版权所有　侵权必究　打击盗版　举报热线：010-88191661
QQ：2242791300　营销中心电话：010-88191537
电子邮箱：dbts@esp.com.cn)

前　　言

《中华人民共和国慈善法》（以下简称《慈善法》）的实施为我国慈善事业迈入高质量发展新台阶奠定了制度基础。该部法律改革了我国慈善事业管理体制并且对相关制度进行了创新。就慈善管理体制改革的内容而言，该部法律改变了以前对慈善组织施行的"双重管理体制"，重新对慈善组织的认定条件和程序予以明确，放宽了慈善组织的进入门槛；同时加强了民政部门对慈善组织的监督管理，规范了慈善行为。对慈善信托制度的创新而言，《慈善法》降低了慈善信托的设立要求，畅通了社会资源进入慈善领域的通道。就慈善事业促进措施而言，《慈善法》规定了慈善组织、捐赠人、受益人依法享受税收优惠。《慈善法》对管理体制的改革、进行的信托制度创新和规定的促进措施都彰显着未来我国慈善事业以现代化、高质量发展为目标。现代慈善是一种与过去我国公办慈善不同的慈善事业发展方式，以民间社会为慈善事业发展的主要推动力，以实现高质量慈善事业发展为目标。这种民间主导的慈善事业发展模式使慈善组织的独立性、自主性得到法律保护，并且增强了慈善组织回应社会慈善需求的及时性和有效性。从公办慈善发展方式转变而来的民间主导型慈善事业发展模式为慈善事业的自由发展争取了空间，但这种去行政化的慈善事业发展路径改变了慈善组织获取慈善资源的方式。政府不再直接资助慈善组织开展慈善活动，慈善组织需在社会、民间通过竞争的方式获得社会捐赠。慈善资源的多少、慈善资源类型是否多样、慈善组织的数量多少或规模大小等是民间化的现代慈善事业向高质量发展成功与否的重要因素。而无论慈善资源获取还是慈善组织的规范化、规模化发展都离不开慈善税制的支持。因此促进现代慈善事业发展的关键有两方面：一是慈善组织能够获取足够的慈善资源；二是慈善组织能够规范化运作以获取社会的信任。

自慈善被作为一项事业进行经营开始，慈善税收优惠法律制度就与其相伴相生。这是因为作为一项具有调节收入分配功能的税法制度，通过利用纳税人趋利避害的心理，慈善税收优惠能激励纳税人做出社会捐赠的选择。受赠的慈善组织通过有效分配慈善资源可以促进社会公平与稳定。但不同的慈善事业发展模式对慈善税收优惠制度的要求是不同的。在国外政社合作型慈善事业发展模式下，慈善税收优惠以规范非营利组织及其行为和赋予其税收优惠作为重要内容，因为只有非营利组的规范化发展才能保证提供符合社会需求的公益服务；而在以美国为代表的民间自治型慈善事业发展模式下，慈善税收优惠的立法不仅最大限度地激励慈善捐赠，并且支持慈善组织进行积极的财产管理，进行慈善资源再造，因此无论对捐赠人还是对慈善组织，美国的慈善税收优惠立法相对其他发达国家而言都显得宽松，具体表现为不同的捐赠形式都能获得税收优惠，慈善组织可开展相关经营行为并且对该所得给予税收优惠。我国现代慈善事业选择的是一种民间主导的发展模式，因此在慈善税收优惠立法上可借鉴国外立法经验。但现阶段我国慈善事业发展处于转型时期，慈善税收优惠立法理念、基本原则，具体制度的建立还要考虑制度"软着陆"的问题，使慈善法律关系主体能够适应新的管理体制和制度。过去，我国慈善事业是依靠政府权力自上而下推动发展起来的，这种方式使我国慈善事业在中断几十年以后得以迅速发展。但这种类似于政府包办的慈善发展方式也带来了不利后果，导致我国慈善组织与政府或相关部门间存在职能划分不清、人事制度混乱、慈善活动受限的问题，慈善事业也并未形成一种明显的发展模式，与之相对应的慈善税收优惠制度也在这种慈善事业发展模式不清、慈善组织功能受限、社会捐赠热情不高的背景下具有指导思想不明确、背离税收基本原则和具体制度相互矛盾的不足。

为满足现代慈善事业发展对慈善资源的需求，同时也为提升我国慈善事业发展的质量、促进第三次分配发挥调节资源配置功能，针对我国目前慈善税收优惠制度的不足，本书提出了以慈善所得税和慈善商品税为主的慈善税收优惠双主体结构，并以此作为构建我国慈善税收优惠法律制度体系的指导思想。另外，鉴于当前我国慈善税收优惠受法律工具主义思想影响无法保持其作为"法"所应具有的独立的价值追求，本书提出应以利益平衡和结构均衡作为我国慈善税收优惠法律制度体系建立的基本原则，以期平衡税收多方利益冲突的矛盾，使慈善税收优惠制度的实施更顺利。以此为前提，本书主要研究内容包括：

第一，从慈善组织的数量、类型和规模、慈善捐赠形式与规模等方面介绍了中国慈善事业发展的现状；分析了科技慈善、商业慈善等新兴慈善发展方式给中国慈善事业发展带来的挑战；对中国慈善事业高质量发展的内涵与路径做了剖析。

第二，考察慈善观念、慈善事业发展模式与慈善税制的关系，并着重论述《慈善法》确立的现代慈善观对慈善事业发展模式的影响以及对慈善税制的要求。高质量慈善观念下的慈善事业由民间社会推动发展，强调自主性、多样性、灵活性、科学性、计划性、组织化、规模化、高效率等特性，以最大限度激发慈善潜能，实现慈善公益价值，促进第三次分配的合理性。这就要求慈善税制应具有三方面的功能：一是具有监督功能，促进现代慈善事业的规范化、规模化发展；二是科学识别功能和慈善再造功能，建立客观、科学的慈善税收优惠给予的标准和条件，以准确、高效地识别慈善公益价值最大的慈善组织、慈善捐赠行为以及慈善活动；三是激励功能，利用慈善捐赠不断激励慈善组织、捐赠主体创造慈善资源。

第三，从法学、经济学、社会学的视角论证税收优惠，激励慈善事业发展的正当性。由于现代慈善事业能够通过对慈善资源的有效配置促进社会公平，缓解贫富分化，因此税收作为具有调节收入分配功能的制度应当发挥其制度优势，以激励慈善事业的发展。国内外经济学者已经证实，在诸多支持慈善事业发展的政策中，税收优惠是最有效的。因此政府提供有效的慈善税收优惠制度是其支持民间慈善事业发展的主要方式。现代慈善事业的规模化、组织化发展是税收优惠激励慈善事业发展的社会基础，因为慈善组织的兴起及其在慈善税收优惠法律关系中所起的中介作用，使以税收优惠激励慈善捐赠变为可能。

第四，介绍我国慈善税收优惠的现状，分析存在的不足及原因。通过对我国慈善税收优惠制度结构、税种类型、优惠方式等进行分析，本书总结得出导致我国慈善税制法制化水平低的原因。一是慈善税制立法缺乏规范的权力分配原则，导致不同位阶的慈善税制数量分布不合理，内容缺乏结构上的系统性。二是缺乏统一明确的立法指导思想和基本原则约束，导致现行税收优惠政策多元化价值目标难以协调，并产生部门利益冲突，加深了"决策与执行程序无序化""税收优惠形式隐蔽化""执法随意性大"等弊端。三是慈善税制结构与主体税制结构错位。目前以所得税为主的慈善税制体系与我国以流转税为主的税制结构间存在矛盾，因而慈善税制无法有效促进我国慈善事业发展。四是慈善税收优惠形式单一，主要体现为以税前扣除为主。但税收优惠的方式是多样的，在捐赠形式多样化的背景下，慈善税制不应局限在税基式优惠范围，而是可以设计更多的税额式、税率式优惠，以实现慈善事业高质量发展。

第五，介绍国外慈善税收优惠法律制度，总结其立法经验。对美国慈善税收优惠法律制度的介绍侧重于从结构体系、税种类型、优惠税率的方式等宏观视角；法国、德国慈善事业发展是合作模式，两国对非营利组织及其行为性质和所得进行的税收优惠规定非常详尽而且标准清晰；本书对日本慈善税收优惠法律制度的介绍侧重于其对非营利组织经营行为所得课税的规定。

通过总结国外慈善税收优惠的立法经验，本书得到以下启示：首先，在慈善税收优惠法律制度建立前，我们应分析慈善事业发展模式，并以此确定慈善税收优惠制度的重点内容。其次，我国应确立多样化的慈善税收优惠的税率形式，这样才能更好地激励慈善捐赠。再其次，构建与一国主体税制结构相一致的慈善税收优惠体系结构。最后，完善慈善税收优惠法律制度实施的配套制度。

第六，完善我国慈善税收优惠法律制度的思考。确立科学的指导思想为慈善税收优惠法律制度完善指明方向。厘清慈善税制的基本原则，将结构均衡与利益平衡原则作为构建我国慈善税收优惠法律制度体系的基本准则，以保障慈善税收优惠具体制度不偏离法制轨道。完善我国慈善税收优惠具体法律制度及为落实该制度建立相关制度。

目录

第一章 中国慈善事业转型发展的必要性分析 / 1
  第一节 中国慈善事业发展的现状与评析 / 1
  第二节 中国慈善事业发展面临的挑战 / 9
  本章小结 / 15

第二章 中国慈善事业与慈善税制关系的演变 / 17
  第一节 慈善赋税制度空白的古代慈善事业 / 18
  第二节 缘起于近代的慈善税收优惠制度 / 23
  第三节 慈善法治背景下的税收制度供给 / 30
  第四节 后疫情时代的慈善税收优惠制度 / 38
  本章小结 / 45

第三章 税收优惠激励慈善事业发展的逻辑证成 / 47
  第一节 逻辑前提：税收优惠激励慈善事业的正当性 / 47
  第二节 学理支持：税收优惠促进慈善事业发展的经济学解释 / 52
  第三节 社会条件：慈善事业的规模化发展 / 56

第四节　慈善事业发展目标：慈善税制优化的基础 / 59
本章小结 / 63

第四章　中国慈善税制的现状、不足及原因分析 / 65
第一节　我国慈善税制的现状 / 65
第二节　我国慈善税制的不足 / 74
第三节　我国现行慈善税收优惠不足的原因分析 / 95
本章小结 / 106

第五章　代表性国家慈善税收优惠立法及启示 / 107
第一节　美国慈善税收优惠制度的现状 / 107
第二节　欧盟成员国慈善税收优惠制度立法的现状 / 112
第三节　日本慈善税收优惠制度 / 117
第四节　国外慈善税制立法带来的启示 / 119
第五节　国外慈善税收优惠制度立法经验借鉴 / 121
本章小结 / 130

第六章　中国慈善税收优惠制度的完善 / 132
第一节　科学确立慈善税收优惠制度的指导思想 / 132
第二节　厘定慈善税收法律制度的基本原则 / 138
第三节　慈善税制立法权配置 / 144
第四节　慈善税收优惠具体法律制度的完善 / 144
本章小结 / 155

参考文献 / 157
结语 / 168

第一章

中国慈善事业转型发展的必要性分析

第一节 中国慈善事业发展的现状与评析

一、中国慈善事业发展现状

2016年《中华人民共和国慈善法》（以下简称《慈善法》）的实施被认为是中国慈善事业发展史上具有划时代意义的一部基础性、综合性法律。2021年是《慈善法》实施的第五年，对慈善组织数量、慈善捐赠规模和形式、捐赠主体的行为、慈善资源管理和慈善行业建设等方面产生了深刻影响。本部分也围绕体现慈善事业状况的这几个主要指标对我国慈善事业现状进行分析。

据民政部官网数据显示，截至2021年1季度，以社会团体、基金会组织、民办非企业单位为主的国内社会组织数量已经达到89.95万个，包括社会团体37.6万个，民办非企业单位51.5万个，基金会法人8540个（见表1-1）。

表1-1　　　　　　　国内各类社会组织的数量

社会组织	单位	数量
社会团体	万个	37.6
民办非企业单位	万个	51.5
基金会	个	8540

资料来源：2021年1季度民政统计数据［EB/OL］. http://www.mca.gov.cn/article/sj/tjjb/2021/202101qgsj.html.

各类社会组织在2016年《慈善法》实施后都保持了一定程度的增长（见图1-1）。另外，虽然《慈善法》实施后，社会组织数量增长幅度受规范发展的影响有所降低，但总体呈增长趋势，特别是被认定为慈善组织的数量在不断增加。2019年被认定登记为慈善组织的社会组织达到8332家，较2018年的5260家涨幅为56%。

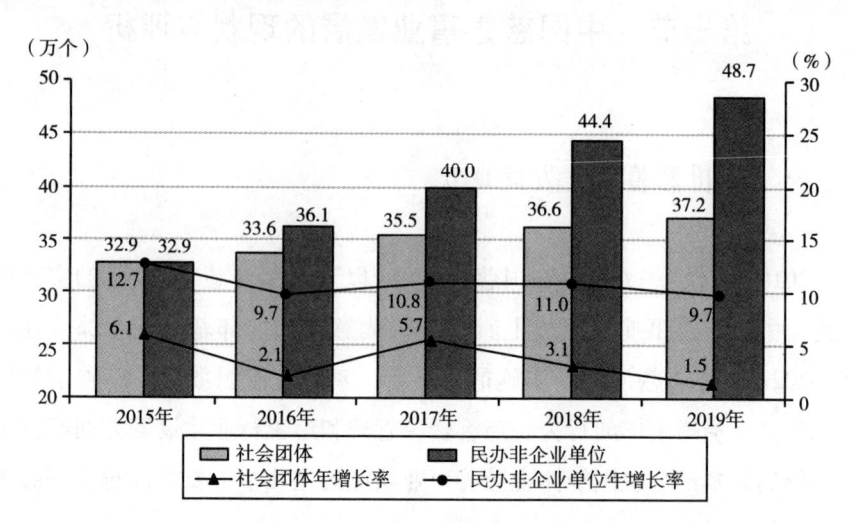

图1-1　2015~2019年社会团体、民办非企业单位情况

资料来源：朱健刚，严国威. 治理吸纳慈善：2019年中国慈善事业综述［M］//杨团. 中国慈善发展报告（2020）. 北京：社会科学文献出版社，2020：1-26.

公开募捐资格是慈善组织获得慈善资源的重要前提，是影响慈善事业规模的重要因素，也是《慈善法》规范慈善组织行为的重点。据相关研究数据显示（见图1-2），截至2019年8月底，全国已有1260家慈善组织获得公开募捐资格，673家慈善组织备案了12641个公开募捐方案。

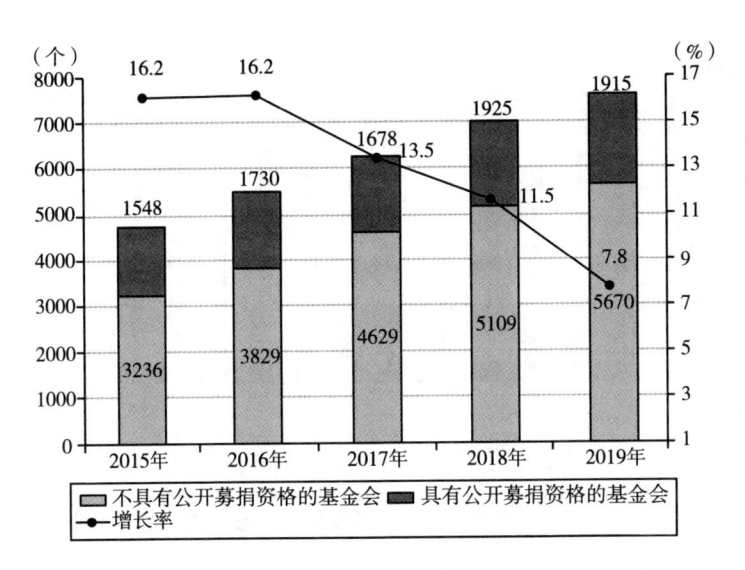

图 1-2　2015~2019 年基金会情况

资料来源：《2019 年民政事业发展统计公报》。

除社会组织数量在不断增加外，具有慈善性的站点、超市以及志愿服务人数也在不断增加。据民政部发布的《2019 年民政事业发展统计公报》显示，截至 2019 年底，全国共有经常性社会捐赠工作站、点和慈善超市 1.3 万个（其中慈善超市 3528 个），全年共有 1664.2 万人次在民政领域提供 4326.9 万小时志愿服务，全国志愿服务信息系统中汇集的注册志愿者近 1.4 亿人，全国社会组织捐赠收入 873.2 亿元（比上年下降 5.1%），全国备案慈善信托 239 个，慈善信托财产规模 27.6 亿元（见图 1-3）。

境外非政府组织活动范围的广泛性、活动领域的多样性及对慈善事业治理的经验对我国慈善事业发展起着重要作用。2017 年，《中华人民共和国境外非政府组织境内活动管理法》（以下简称《境外非政府组织境内活动管理法》）和《境外非政府组织代表机构登记和临时活动备案办事指南》《境外非政府组织在中国境内活动领域和项目目录、业务主管单位名录（2017 年）》等相关配套规范性文件开始实施，明确了境外非政府组织在中国境内活动的原则和规范，对引导和约束境外非政府组织在中国境内行为具有一定的积极意义。据境外非政府组织办事服务平台数据显示，截至 2021 年 7 月，共登记境外非

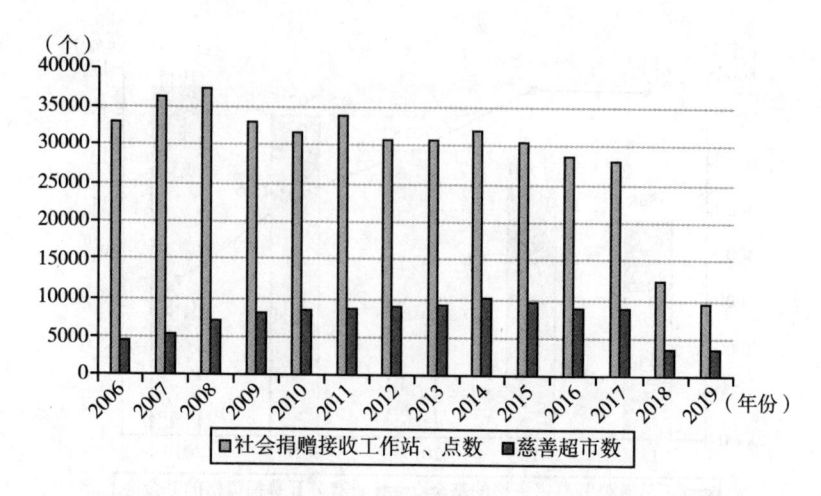

图1-3 2006~2019年社会捐赠接受站、点和慈善超市数量

资料来源：《2019年民政事业发展统计公报》。

政府组织代表机构608个，临时活动登记3613个[①]，其中聚集在北京、上海、广东、云南、四川5地的境外非政府组织占到总量的68%（见图1-4）。

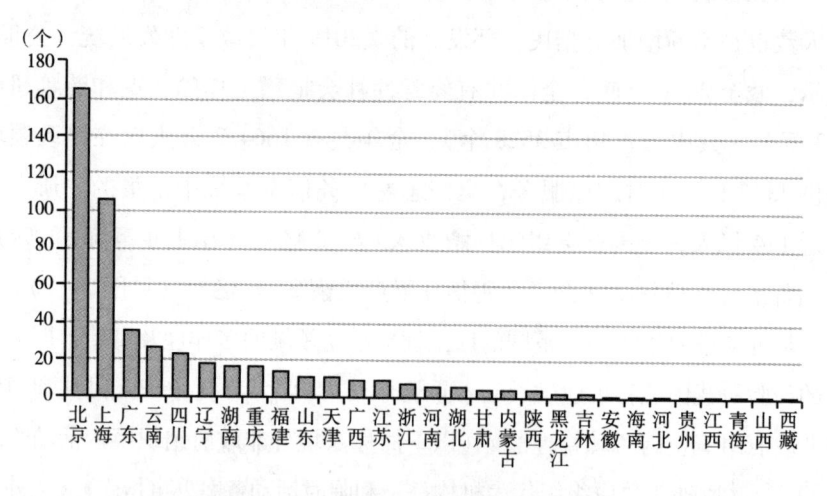

图1-4 境外非政府组织代表机构登记分布

资料来源：贾西津. 境外非政府组织境内活动发展报告 [M] // 杨团. 中国慈善发展报告 (2020). 北京：社会科学文献出版社，2020：257-274.

---

① 资料来源：境外非政府组织办事服务平台，https://ngo.mps.gov.cn/ngo/portal/toInfogs.do。

《境外非政府组织境内活动管理法》实施后,我国对境外非政府组织实行双重管理、活动预审、联合监管和双向责任的管理体制,其中,业务主管部门作为境外非政府组织的主管单位,负责境外非政府组织具体管理办法的制定、资格审批和监管,公安部和省级公安部门作为联合监管部门起到配合作用。受各主管单位对境外非政府组织管理的观念所限,虽然已有46个系统作为境外非政府组织的管理单位,但这些境外非政府组织集中在商务部,受商务部主管的境外非政府组织数量占到了总量的42%,教育、民政、卫生、民委、林业、友协、科技、环境、农业9个政府部门管理下的境外非政府组织数量占到了总量的39%。①

随着社会组织数量和慈善组织数量的增加,慈善捐赠规模不断扩大,捐赠形式呈现多样化,募捐方式也不断创新。据《中国慈善发展报告(2019)》数据显示,2019年中国社会公益资源总量为3374.05亿元,其中社会捐赠总量约为1330亿元,志愿者贡献价值在903.59亿元,彩票公益金价值1140.46亿元(见图1-5)。

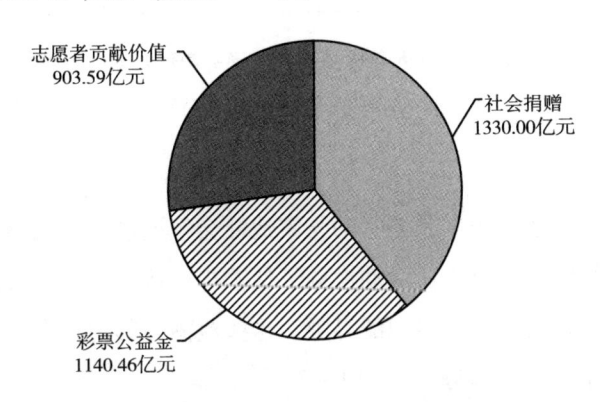

图1-5 2019年中国公益慈善资源总值

资料来源:杨团. 中国慈善发展报告(2019)[M]. 北京:社会科学文献出版社,2019.

在慈善募捐形式方面,参与慈善活动的个人、企业、媒体越来越多,

---

① 贾西津. 境外非政府组织境内活动发展报告[M]// 杨团. 中国慈善发展报告(2020). 北京:社会科学文献出版社,2020:257-274.

创新了越来越多的慈善方法。个人、媒体和企业通过融合商业活动,开发了多样性的慈善活动,例如,众筹、捐步数、线上募捐、绿色出行、冰桶挑战等。慈善组织的形式也丰富多样,包括一些非正式组织、网络型组织、互联网平台、虚拟组织等(见图1-6),通过这些组织实现了慈善领域与其他社会领域的跨界合作。

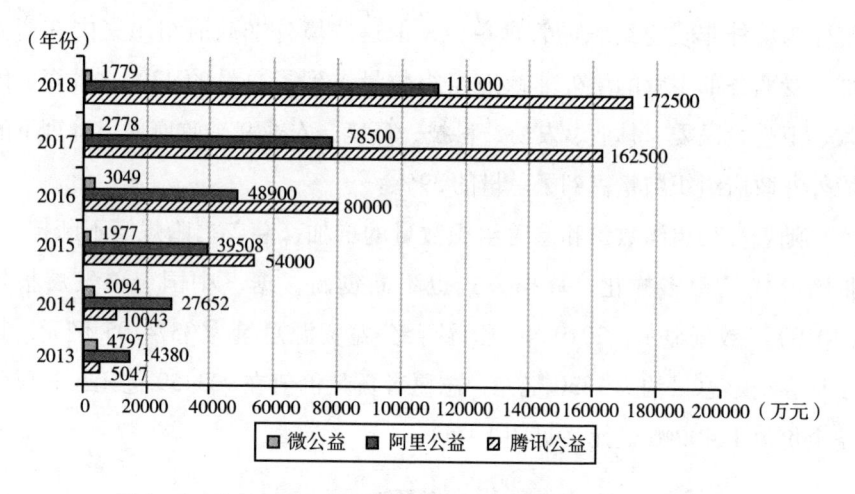

图1-6 2013~2018年中国部分慈善捐赠形式捐赠金额统计

资料来源:康晓光,冯利. 中国第三部门观察报告(2018)[M]. 北京:社会科学文献出版社,2018.

在跨界慈善活动中,慈善活动与其他社会领域进行深入融合。这些创新的慈善性组织、慈善性质活动模糊了慈善与经济、慈善与经营、慈善与消费、慈善组织与非慈善组织的界限。这些模糊的其他社会力量在捐赠数量上呈现逐年上升的趋势(见图1-7)。

二、中国慈善事业发展现状评析

与西方发达国家慈善事业发展由民间自发推动不同,我国慈善事业是以政府推动、自上而下的方式逐步发展起来的。慈善事业范围、慈善事业与政府的关系、慈善在社会治理中承担的任务和功能等有别于西方

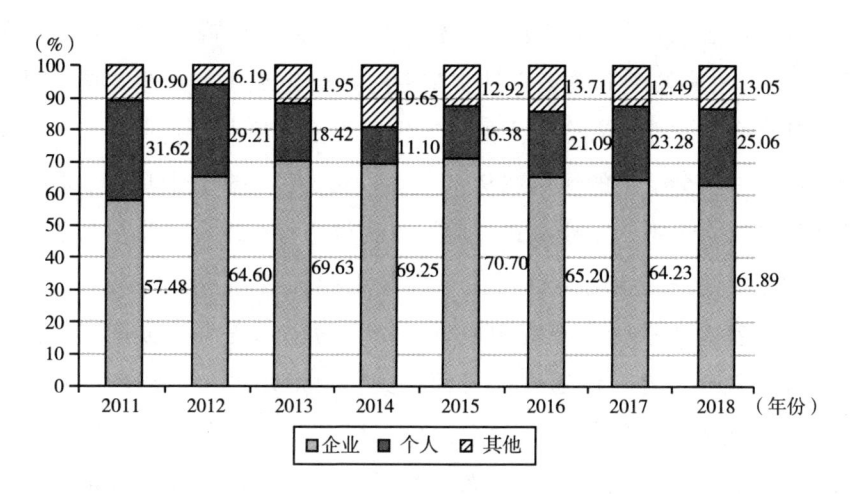

图 1-7　捐赠主体来源

资料来源：康晓光，冯利. 中国第三部门观察报告（2018）[M]. 北京：社会科学文献出版社，2018.

发达国家。由于慈善事业发展起步较晚，所以相对于其他国家而言，在规模上、规范性等方面还有待进一步完善。就目前而言，以《慈善法》和《境外非政府组织境内活动管理法》的实施为基础，随着慈善法制配套措施的完善，我国形成了以境内慈善组织与境外非政府组织（NGO）并行的慈善事业发展路径。虽然境外非政府组织在我国发展规模、数量、分布区域等方面存在不足，但境外非政府组织丰富了我国慈善事业发展形态，为国内慈善组织治理方式、管理模式提供了学习样本，提升国内慈善组织管理效率，是我国慈善事业多层次发展不可或缺的部分。

就国内慈善组织发展而言，《慈善法》作为慈善事业领域基础性、综合性的法律，对慈善组织设立条件、类型、内部管理及慈善范围等方面做了规定，是规范慈善组织发展的法律依据，也是规范慈善事业发展的重要法律。《慈善法》实施后，减缓了慈善组织新增设立数量，限制了慈善组织对慈善资源管理方式，对慈善发展规模带来一定的影响。但无疑这是进入新时期，推动慈善事业高质量发展所必须经历的阶段。信誉是慈善组织得以发展的根源，公开性、透明性和公正性是慈善组织获得、提升信誉的途径。规范发展才能促进慈善事业高质量、可持续发展。《慈善法》及配套政策文件实施后对社会组织类型产生影响，转变为以基金会、公立慈善会为主的慈善组织类型，民办非企业单位、社会团体组织占社会组织的比例在90%以上。虽然民办非企业单位、社会团体数量是社会组织的主要形式，但能够获得慈善组织资格享受各类税收优惠的主要还是基金会。这是由于各类组织拥有慈善资源形式的差异造成的。基金会接受慈善资源以货币资金为主，货币资金形式的慈善资源在金额确定性、流通性等方面比其他有形动产、不动产等慈善资源更容易获得税收支持；而社会团体、民办非企业单位获得的慈善资源以志愿者服务、物资为主，而志愿者服务、慈善物资等价值评估系统不完善，无法获得以公允价值为基础给予的税收优惠。捐赠形式的多样性是高质量慈善事业发展的必要前提，尤其是我国志愿者服务的人数、范围、时长等方面都有较大发展，且数据显示，志愿者服务时长折算的价值与款物捐赠的价值已趋近相同。但目前国内没有关于志愿者服务相关的税收优惠制度，也就是说，同样作为慈善资源的重要形式，志愿者服务并没得到相应的税收优惠。从慈善税收优惠对捐赠形式的涵盖范围来看，我国慈善税制的体系不完整。毕竟捐赠还是慈善资源的主要来源，而捐赠形式的丰富多样是支撑慈善事业高质量发展的重要环节。

在慈善事业发展新时期，科技慈善、商业慈善规模不断增大，与此同时慈善观念也在发生变化。科技慈善和商业慈善对慈善规模的扩大、慈善组织形式多样性、捐赠形式丰富性、慈善募捐活动范围广泛性等方面具有重要作用，这也是新时期赋予慈善的新概念。这种新慈善观念和慈善形式推动着自上而下、以公办慈善为主的传统慈善模式发生转变。慈善法制是慈善事业高质量发展的制度保障，对慈善事业高质量发展起着规范、促进、激励和调节的作用。慈善税制作为慈善法制的重要内容要及时、有效地应对新兴慈善事业发展的领域，制定有针对性的税收政策以满足高质量慈善事业发展的需要。

第二节　中国慈善事业发展面临的挑战

一、新技术对慈善事业规范发展带来的挑战

互联网的超强链接作用对慈善事业运营模式产生了深刻影响。移动互联网缩短了慈善需求发现的时间、增加了多样性慈善需求被发掘的可能性，拓宽了慈善空间；网络募捐平台起到了去除传统实体慈善中介组织的作用，降低了慈善募捐成本，提升了慈善资源使用效率；互联网为商业企业实现跨界合作提供了技术支撑，丰富了慈善募捐方式和慈善捐赠的形式，科技慈善理念在创新的慈善运作模式中得以体现；去除中介作用的互联网慈善募捐方式，将受益主体的慈善需求通过各种形式展现在捐赠主体面前，以增加慈善需求信息的真实性，扩大慈善募捐受众面，慈善捐赠激励性更强；互联网平台所创建的虚拟性慈善组织还在一定程度上替代了实体慈善组织，成为慈善资源聚集的新领域。

新技术创新了慈善事业的发展模式，平衡了区域间慈善资源的不平衡，畅通了慈善信息，拓宽了慈善募捐、受赠和受益人的领域，是有别于专业化、规范化运作和计划性的现代慈善的一种新型慈善发展模式。这种新型慈善运作模式打破了现代慈善的常规性、计划性和专业性，使获得慈善信息的捐赠人、慈善需求主体都可以参与慈善事业，甚至通过商业性开发融入经营活动中。一方面通过商业活动带动慈善事业发展，扩大慈善捐赠规模；另一方面使慈善不再只是富人的"专利"，实现人人可慈善的新局面。新技术的融入确实为推动慈善发展步入新阶段创造了基础。但这种融入商业活动具有"善经济"特性的慈善与我国《慈善法》所界定的纯公益特性有所不同，模糊了公益与商业的界限，慈善募捐方式、捐赠形式的多样性也为慈善资源的定量转化带来不便。例如，2019年发生的某网

络平台"扫楼筹款""按单提成"的业务模式、某相声演员的"百万募捐"事件、北京朝阳法院对全国首例因网络个人大病求助引发的纠纷案做出一审判决等,使得该平台的身份及其背后的概念备受争议。该平台究竟是否公益?在该平台业务模式中,究竟是商业行为还是慈善在解决社会问题?在商业慈善活动中,慈善是否沦为商业流量收割的工具?

新技术对慈善事业发展是一柄"双刃剑"。面对新技术给慈善事业发展带来的影响,作为规范慈善事业发展的制度,需要对新技术带来的新型慈善发展模式进行引导。一方面,对新型慈善事业的合法性进行确定。由于新型慈善模糊了慈善与商业的界限,为防止慈善沦为商业工具,要明确新型慈善合法的边界。另一方面,现行慈善事业发展的制度及配套措施是以现代慈善的规模性、组织性、专业性、纯粹公益的视角进行设计的。如何将现行制度的适用性扩大到新型慈善运作模式中,使这种新型慈善模式在合法范围内运作,让科技慈善符合公益本质,是慈善制度完善面临的挑战。

二、慈善法治对慈善事业发展提出新要求

作为市场经济高速发展的副产物,财富分配不公以及因此所产生的贫富差距逐步拉大成为各种社会矛盾的根源。加上政府提供公共服务在地域、行业之间的差别,严重影响了社会公平与和谐。我国《慈善法》所追求的"大慈善"理念所涵盖的慈善事业范围比较宽泛。过去我国慈善事业发展所依据的是《中华人民共和国公益事业捐赠法》(以下简称《公益事业捐赠法》),受立法目标影响,该法主要对捐赠行为进行规范,对公益事业范围的界定相比于现在的《慈善法》要窄,具体体现为:

一是在辅助国家进行社会救助、救济方面,《公益事业捐赠法》列举了"救助灾害、救济贫困、扶助残疾人"作为民间公益慈善的范围。而《慈善法》对民间慈善事业范围的规定表现了两个重要特征。一方面具有层次性。该法规定了"扶贫、济困"是我国民间慈善事业发展最重要

的内容,此内容同时表明《慈善法》是在结合我国尚处于社会主义初级阶段国情对慈善范围作出规定。并且《慈善法》对"扶贫、济困"的具体内容作出解释,其中"扶贫"的内容包括"扶老、救孤、恤病、助残和优抚",而"济困"的内容包括"救助自然灾害、事故灾难和公共卫生事件等突发事件造成的损害"。另一方面,《慈善法》对慈善事业内容的规定具有鲜明的指向性。其中,"扶贫"是一项需要长期性支持的慈善事业,因此该内容在《慈善法》所规定的慈善事业中排在最前面;而"济困"的具体内容由于具有短时性、偶然性与突发性,所以与慈善扶贫内容相区分。

二是扩大了公共事业的范围,《公益事业捐赠法》对公益事业范围的规定以完全列举的方式,包括"教育、科学、文化、卫生、体育",但《慈善法》对公共事业的规定不仅限于此,是一种兜底性的规定方式,其包容性更强。

三是《慈善法》单独列举了对环境公益事业的规定,并且将慈善资助预防和治理污染的行为都纳入慈善活动范围。这不仅体现了国家对污染治理与环境保护的重视,并且扩大了捐赠人资助环境事业获得税收优惠的范围。此外,在《公益事业捐赠法》所规定的"环境保护"公益事业范围基础上,《慈善法》将生态环境保护和改善也纳入慈善事业领域,这也扩大了对慈善事业范围的规定。为保障《慈善法》所追求的这种慈善事业理念得以实现,该法律进行了慈善事业管理体制改革,创新了慈善信托制度,规定了慈善事业促进措施。就慈善管理体制改革的内容而言,该法律改变以前慈善组织的"双重管理体制",重新对慈善组织的认定条件和程序予以明确;同时加强了对慈善组织的监督管理,规范了慈善募捐与慈善行为。就慈善信托而言,降低其设立要求,畅通了社会资源进入慈善领域的通道。

就慈善事业促进措施而言,《慈善法》规定慈善组织、捐赠人、受益人依法享受税收优惠。从《慈善法》对管理体制的改革、进行的制度创新和规定的促进措施来看,其以现代慈善事业作为发展目标。作为一种规模化、组织化、专业化和科学化的慈善事业发展方式，现代慈善实现的关键在于慈善组织。《慈善法》的管理体制改革规范了慈善组织及其行为，使其与政府脱钩，结束了过去作为政府附庸的非独立发展状态，使我国慈善事业走上了以民间为主导的独立发展模式。现代慈善是一种民间主导型慈善事业发展模式，需要相应的促进措施予以配合，慈善税收优惠作为已经被证实能够激励慈善捐赠、促进慈善事业发展的重要制度，是支撑"慈善杠杆"的重要支点。为此，《慈善法》规定了以慈善税收优惠为主的促进措施，这些税收促进措施规定对我国目前慈善税收优惠制度提出了新的要求。

（一）《慈善法》的实施对我国慈善税收优惠的制度结构提出了新要求

《慈善法》已经明确非货币性捐赠是合法的捐赠形式，并且规定这些捐赠形式能够获得税收优惠。这与目前我国税法领域大都以货币性捐赠作为优惠对象之间存在矛盾，慈善税收优惠制度需要进行完善以包容新型的捐赠形式，这势必增加慈善税收优惠的税种类型。另外，税收理论告诉我们，不同税种作为政策工具在收入分配和结构调整中的作用是以其收入规模为基础的，某一税种获取收入的数量在很大程度上决定了其作为政策工具的力度和效果。[①] 鉴于我国是以商品税为主的税制结构，所得税收入占总税收收入的比例低，因此慈善所得税优惠制度对激励慈善事业发展的作用有限。而《慈善法》扩大了慈善范围，要实现我国现代慈善事业的发展势必需要我国主体税种的支持。因此，建立慈善商品税优惠制度将是我国慈善税收优惠制度完善的重要内容。

（二）扩大享受慈善税收优惠的范围

一方面，《慈善法》创新了慈善信托制度，使其成为吸纳和分配慈善

[①] 施正文. 分配正义与个人所得税法改革[J]. 中国法学，2011（5）：32-43.

资源的重要载体，并且规定其能够享受税收优惠。但目前我国慈善税收优惠立法缺乏对慈善信托享受税收优惠的规定，需要从不影响慈善信托正常运转，同时又能保证信托的慈善目的视角，明确慈善信托能够获得税收优惠支持。另一方面，随着财产表现形式的多样化，慈善资源的形式也变得丰富，尤其是在新冠肺炎疫情期间，志愿者服务贡献的价值已经逼近款物捐赠，这是慈善事业向高质量发展过程的体现，也是捐赠人慈善意识的广泛体现，在捐赠形式多样变动的新时期，需要提升慈善税制的包容性、针对性和有效性，为慈善事业的高质量发展提供制度保障。

（三）慈善税收优惠制度应当完善结转扣除的规定

《慈善法》第八十条规定，"企业慈善捐赠支出超过法律规定的准予在计算企业所得税应纳税所得额时当年扣除的部分，允许结转以后三年内在计算应纳税所得额时扣除。"对此，我国应在慈善税收优惠法律层面对慈善捐赠结转扣除制度作出具体规定，包括结转扣除的方式、年限等具体内容。

（四）慈善税收优惠制度应当立足国情对扶贫济困的慈善活动实行特殊规定

《慈善法》将"扶贫、济困"排在慈善活动范围的第一位且规定"国家对开展扶贫济困的慈善活动，实行特殊的优惠政策"。从我国处于社会主义初级阶段的国情出发，慈善事业重点在"扶贫、济困"，慈善税收优惠的重点也应在此。对以"扶贫、济困"为宗旨的慈善组织或者对"扶贫、济困"的慈善活动进行捐赠的，都应给予更大的税收优惠空间。

（五）丰富税收优惠形式

财产表现形式的多样性为丰富的慈善资源提供了基础。大量非货币形式的捐赠成为慈善资源的重要来源，包括志愿者服务、各类物资。但非货币形式公允价值确定的困难为慈善税收优惠立法带来挑战。目前国内慈善税制体系中，除国家税务总局 2019 年 8 月发布的《支持脱贫攻坚税收优惠政策指引》规定特定的扶贫物资可以享受免税优惠外，尚不存在其他文件将非货币性捐赠能够获得税收优惠作为一种常态性机制，支持非货币性资产进行慈善捐赠并获得税收优惠。在《支持脱贫攻坚税收优惠政策指引》中也出现了其他慈善税制立法中没有出现过的税率优惠形式，包括免税、减计收入、税前扣除、即征即退、税额扣减等方式。相对于传统慈善税制中税收优惠形式以免税和税前扣除为主，该指引对扶贫物资享受税收优惠的形式的规定突破了传统慈善税收优惠的形式，这是一种在重点慈善事业领域试点的税收优惠规定，待条件成熟后可以逐步转化为常规性的制度。

（六）改革过去公办慈善背景下慈善税收优惠制度的不足

过去，由于历史原因我国慈善事业发展尚未成型，加上管理体制的钳制，作为调整慈善事业领域的慈善税收优惠规定存在混乱与相互矛盾的不足。民间主导的高质量慈善事业发展模式需要法制化慈善税收优惠制度的支持。因为慈善税收优惠法律制度的严谨性、统一性能确保慈善主体获得优惠的公平性，从而在慈善事业领域形成公平的税收环境，促进现代慈善事业的稳定发展。虽然慈善税制调整的领域主要是慈善事业，作为慈善法制的一部分，慈善税制肯定需要与其他慈善法律制度相协调一致。协调一致的慈善法制需要厘清慈善税制与其他慈善法制内容之间的边界。尤其对受赠的慈善组织类型、捐赠形式在慈善税制领域不应存在差异化对待。慈善组织类型对慈善事业的影响、捐赠形式与慈善事业发展的作用、慈善组织是否接受慈善捐赠等应交由民政部门或其他主管部门进行管理，慈善税制对慈善事业的主要功能在于激励和促进，规范功能则是次要的。所以，相对于其他主管部门主要承担规范慈善事业发展不同，慈善税制进行立法应具有更大的包容性、开放性，更有针对性。高质量慈善事业发展背景下，我们应该弥补慈善税制在激励性、完整性和体系性方面的不足。

本章小结

　　由于慈善事业发展起步较晚，我国当前慈善事业还处在不断规范发展和完善的阶段。《慈善法》《境外非政府组织境内活动管理法》的实施标志着我国慈善事业走上规范发展的道路。慈善中间组织是推动慈善事业发展的主动力，是慈善创新的集中地，也是规范慈善事业发展、慈善法制完善的主要内容。《慈善法》及配套制度对慈善组织和募捐行为有一定的影响。从慈善组织数量、资源规模上来看，《慈善法》实施后，慈善组织资格获取条件更严格、制度实施也更严谨，因此社会组织总量的增长放缓。另外，公开募捐资格是慈善中间组织获得慈善资源的主要渠道，《慈善组织公开募捐管理办法》规定只有符合慈善组织条件的社会组织才可能获得公开募捐资格。而当前转为慈善组织的社会组织以及获得公开募捐资格的慈善组织都没有超过20％的比例。慈善组织领域的"双低"现象直接影响了慈善资源的募集，以至于在慈善资源的总量中，通过募捐获得的慈善资源总量远不如其他的志愿服务折算和公益彩票销售募集而来的数量。捐赠主体是慈善资源的主要来源，捐赠主体的捐赠意愿决定着慈善资源的总量。当前我国慈善资源主要来源于企业，尤其在突发自然灾害、公共危机时企业是慈善资源的主要供给者。在科技推动慈善发展的背景下，个人进行捐赠的方式更便捷，捐赠形式也多样化，个人进行慈善捐赠的规模、次数和意愿也在不断提升。但相对其他国家、地区的慈善事业发展中个人贡献高于企业的现象而言，我国个人进行慈善捐赠的规模还有更大的空间。据《捐赠美国2019：慈善年度报告》显示，在美国，来自个人的慈善捐赠占到了68％，而且这个比例还比以往年度降低了[1]。

---

[1] 美国的年度捐赠统计数据究竟是怎么算出来的？[EB/OL]. http：//www.chinadevelopmentbrief.org.cn/news-22977.html.

境外非政府组织在国内的慈善活动是我国慈善事业的组成部分。一方面，在双重管理体制的影响下，境外非政府组织的数量及活动能力都受到严格限制，境外非政府组织对我国慈善事业发展的推动作用有限；另一方面，境外非政府组织在境内的发展存在地域、行业方面明显的不平衡。绝大多数境外非政府组织集中在北京等少数几个一线城市的商务部门，其他地区或部门的境外非政府组织及活动非常少。在改革开放向纵深方向发展的背景下，扩大境外非政府组织活动范围、改革双重管理体制、激励境外非政府组织积极投入我国慈善事业发展是慈善事业改革的重要内容。

综上所述，我国慈善事业既有新兴发展的势头，同时也面临着发展困境。作为对慈善事业发展具有重要影响力的慈善税收优惠制度，应在考虑慈善事业发展现状和困境的背景下进行适应性改革，对新型慈善力量起到规范和激励作用。

第二章

中国慈善事业与慈善税制关系的演变

慈善并非自古以来就被作为一种事业来经营。在古代中国，慈善作为特权阶级彰显优越地位的工具时还只是一种偶然的、非规律性的行为。在近代，受西方慈善思想影响，我国开始逐步形成系统性、专业性的慈善事业发展观，并在促进发展的措施上使用税收优惠方式。新中国成立至《慈善法》实施前，我国慈善事业在政府自上而下的严格管理模式下得到迅速发展，且慈善税收优惠的内容也得到不断的完善。《慈善法》的实施使我国慈善事业进入了新的发展阶段，其规定彰显了具有中国特色的慈善理念与发展模式，同时对未来我国慈善事业走向独立发展道路奠定了基础，特别是管理体制的改变和制度创新使慈善组织脱离了以往作为政府职能部门的角色定位，取得了历史性的进步。时下，慈善事业将作为政府社会保障制度的重要组成部分，这无疑对提高我国社会福利的水平起着重要作用。然而，作为促进慈善事业发展的重要制度，慈善税收优惠法律制度也面临着改革，以适应现代慈善事业发展的需求。

慈善事业与慈善税收优惠并不是同步发展的。由于慈善税收优惠会减少政府税收收入，因此，并非任何时候、任何发展模式的慈善事业都能获得政府税收优惠的支持。且在不同慈善理念基础上建立的慈善事业具有不同的社会功能及目标，所以税收优惠是否应该、能否促进以及如何实现慈善事业的发展是不同时期政府需要依据其职能结合社会需求进行考量的。所以考察我国慈善事业与慈善税收优惠关系的历史演进过程须从慈善事业的发展特征着手，因为慈善事业的不同发展模式与特征会体现出政府对慈善事业的定位，从而影响到慈善税收优惠制度的供给。而慈善思想观念、慈善组织发展概况是最能判定不同慈善事业发展模式的标准。以此为前提，本章将对不同慈善发展模式下慈善税收优惠制度的具体内容展开论述。

第一节　慈善赋税制度空白的古代慈善事业

古代源于儒家礼制思想的秩序型慈善理念无法为赋税优惠激励古代慈善事业发展提供外在支持。因此，我国古代历代统治者没有采取以赋税优惠激励慈善事业发展的方式。

一、古代慈善事业形成的思想基础

多元慈善思想奠定了中国深厚的慈善文化基础。儒家"仁者爱人"慈善观，建立在人的"恻隐之心"和"辞让之心"的道德情感基础上，认为慈善源于人的本能，并提倡人们行为符合趋善的道德价值观。但这种"仁爱"之心以封建等级秩序为前提，在慈善行为实施的范围上大多限定在亲人之内。这种观点在儒家著述中随处可见。例如，《中庸》载："仁者，人也，亲亲为大"。《礼记·祭义》载："子曰：立爱自亲始"。《论语·学而篇第一》载："君子务本，本立而道生，孝弟也者，其为仁之本欤？"《孟子·尽心上》载："君子之于物也，爱之而弗能仁，于民也，仁之而弗亲，亲亲而仁民，仁民而爱物。"《孟子·离娄上》明确指出：

"事,孰为大?事亲为大。"① 另外,儒家思想将慈善特权化,慈善由统治阶级实施,以显示其对低等级百姓的恩惠。因而,民间的慈善活动被视为逾越礼制之举。这种特权观在《孔子家语·致思第八》记载:"汝以民为饿也,何不白于君,发仓廪以赈之?而私以尔食馈之,是汝明君之无惠,而见己之德美矣。"从"天道无常,常与善人"及"赏善罚恶,善恶报应"等道德观念可知,道家将行善原因归结为"善恶相报"。墨家的慈善思想核心是"兼相爱,交相利"。墨子认为"使天下人兼相爱,爱人若爱其身"②,主张不分高低贵贱,不受远近地域限制的关爱、帮助他人,不期待获取任何回报。墨家的慈善思想充满了乐善好施、济世天下的崇高精神。佛教的慈善思想源于其劝导世人"行善积德""乐善布施",以追求内心清净、修成善果的目的。这些不同的思想文化经过几千年的不断发展已经潜移默化地内化为人们的思想习性,外化为他们的行为习惯。这也体现出我国慈善文化历史悠久,源远流长。

二、公办慈善与宗族慈善并行的慈善发展轨迹

对古代中国慈善思想影响最大的是儒家的等级恩赐观和施舍报恩观。儒家的等级恩赐慈善观源于其仁政爱民的思想,所对应的慈善活动由政府兴办,政府把实施社会救助看成是仁政和爱民的表现。且在封建时期所施行的是中央集权制度,政府对社会资源与财富享有绝对的支配权,所谓"溥天之下,莫非王土,率土之滨,莫非王臣"。另外,中央集权的制度使财富集中于政府手中,政府有能力办慈善。最重要的是,中国古代的历代统治者禁止民间结社,害怕民间办慈善导致结社而危及自己的统治(周秋光,2013)。在政府既有国家代表机构和慈善组织双重身份的情况下,其

---

① 李鹏. 儒家慈善意识与现代慈善理念 [J]. 四川大学学报(哲学社会科学版), 2012 (5): 145-149.

② 谭家健,陈中原. 墨子今注今译 [M]. 北京: 商务印书馆, 2009: 58.

所开展的民间慈善活动很难摆脱统治阶级的意志而去真正发现慈善需求,慈善的内容更多是围绕维护统治阶级利益和稳定社会开展,具体内容包括:灾害性社会救济、日常贫困社会救济、养老保障、医疗保障、军人优抚保障、妇女保障、就业保障等项目。[①] 古代政府包办的这些慈善活动成为统治阶级彰显特权的一种行为,并且政府的公办慈善从宋代才开始有,且时有时无,或退出或停顿(周秋光,2013)。可见,古代公办慈善亦是一种非常规化的行为。

与古代公办慈善相对应的民间慈善秉持着儒家"事亲"的慈善观念,该慈善观念将古代民间慈善活动依据一定的亲属关系限制在一定范围之内,该种慈善方式被称为宗族慈善。宗族慈善要早于政府慈善,到宋代时已经盛行。自宗族组织产生以来,一直扮演着民间福利供给主体的角色,为家族成员提供福利支持,宗族福利是中国社会福利史上最为悠久的民间福利形式。在漫长的自然经济和农耕社会时代,由宗族救济、宗族养老、宗族教育和宗族医疗构成的传统宗族福利体系,在弥补国家福利不足、保障宗族成员生活、维护宗族内部团结、促进基层社会稳定等方面发挥了重要作用(周秋光,2013)。正如美国经济学家加里·贝克尔所说:在传统社会中,一个同血缘关系的亲属集团,就是一个很有效力的"保险公司"。[②] 由此可见,宗族组织是我国古代民间慈善发展最重要的主体。

三、古代慈善事业发展的特征

第一,从这些慈善思想的内容来看,传统慈善理念具有等级恩赐观、施舍报恩观、非理性财富观。等级恩赐观主要指传统慈善是通过政府以恩赐的方式给予他人。所谓施舍报恩观,是指传统慈善行为受封建等级秩序

[①] 王文素. 中国古代社会保障研究[M]. 北京:中国财政经济出版社,2009:28.
[②] 毕天云,刘梦阳. 中国传统宗族福利体系初探[J]. 山东社会科学,2014(4):37-41.

影响，采取由近及远的方式实施。这种慈善活动的范围通常限于熟人圈子，因此带有浓厚的施恩图报的狭隘思想。慈善以财富为载体，在表达对他人爱心的同时，也体现了施助者的财富观和人生观。我国古代源于小农自然经济的财富观体现为一种"禁欲"的思想，典型代表就是宋代朱熹提出"天理存则人欲亡，人欲胜则天理灭"。这种财富观在限制人们发展经济累积财富的同时，也注定阻碍慈善的规模化发展。中国传统慈善思想在近代西方文化传入之前为各类慈善活动提供了理论根据和精神动力，促使很多人去向善、奉献，也推动政府重视荒政、仓储、赈济、慈幼等，为慈善的开展提供便利和支持。[①] 但该慈善观念以人的"同情心"作为支撑，对象往往是弱势群体。这种教化式的单纯依靠个人道德情感的慈善行为带有不确定性、非组织性，其发展规模小、慈善形式以及方式比较单一。由于这时的慈善行为来自人内心对他人处境的怜悯之心。因此慈善的内容主要是救灾救助，慈善目的注重"养"而非"教"。第二，受封建礼治秩序影响，民间慈善范围大都限于家庭、家族内。第三，以个人德性为基础的慈善并不谋取任何回报。慈善意图具有不以经济利益为目的的非功利特性。

我国古代慈善救助是以政府慈善为主，民间慈善为补充的发展方式，但尚未形成一定的模式。一方面，虽然统治阶级掌握着社会中大部分资源，但其开展慈善活动呈现"非常态化"特征。因为慈善支出会伤及统治阶级利益，因此政府开展慈善活动的动力不足；且这种慈善是一种"被动慈善"，政府不具有主动发现慈善需求的功能，而是从统治稳定的角度出发零星开展慈善救助活动。另一方面，民间宗族慈善虽然能一定程度上弥补政府慈善的不足，但其开展活动的范围被限制。宗族慈善只能在小范围内发现慈善需求，且由于不同宗族势力的差异，慈善水平也存在较大差别。这种对"有效慈善需求"发现不足及慈善水平参差不齐的宗族慈善不

---

① 周中之. 当代中国慈善伦理的理想与现实 [J]. 河北大学学报（哲学社会科学版），2011 (3)：12-18.

能在全国范围内呈规模化、组织化的发展模式。

综上所述,我国古代慈善事业无论从慈善观念还是慈善活动开展主体来看,都不具备规模化发展的基础条件,也不存在使慈善事业持续性发展的制度建设。

四、没有慈善赋税制度的时代

古代慈善思想与理念所主张的慈善乃是基于人的基本道德情感的本能行为,不受任何外在经济利益的影响。加上主流思想的"禁欲"钳制,中国传统慈善制度中并没有以赋税优惠的方式促进慈善事业发展。另外,古代的赋税被视为一种合理的剥削制度,是为君王服务的,不可能出现为救济平民而减轻赋役的现象。我国古代主流思想大多也支持赋税服务王权的观念,儒家代表人物孟子就认为,君子和野人之间的关系,就是国家统治者和被统治者之间的关系,前者是劳心者后者是劳力者;劳力者须劳心者治理,而劳心者须劳力者养活。百姓以自己的劳动和产品供养国家统治者,是天经地义的,"劳心者治人,劳力者治于人,治于人者食人,治人者食于人,天下之通意也"。[①] 唐代韩愈更是把赋税粟米以供君上看成是百姓的根本使命,他说,"是故君者,出令者也;臣者,行君之令而致之民者也;民者,出粟米麻丝,作器皿,通货财,以事其上者也。君不出令,则失其所以为君;臣不行君之令而致之民,则失其所以为臣;民不出粟米麻丝,作器皿,通货财,以事其上,则诛。"[②] 虽然历代王朝的统治者曾通过采纳轻徭薄赋的措施来减轻百姓赋役,但其并非基于慈善目的而是出于稳固统治而实施的。因此,往往在政局稳定后便出现废弃之前轻徭薄赋制度的行为。

[①] 出自《孟子·滕文公上》,转引自:张守军. 中国古代的赋税与劳役 [M]. 北京:中国国际广播出版社,2010:167.

[②] 出自《昌黎先生全集·原道》,转引自:张守军. 中国古代的赋税与劳役 [M]. 北京:中国国际广播出版社,2010:167.

第二节　缘起于近代的慈善税收优惠制度

近代中国慈善思想嬗变与民间慈善组织兴盛发展形成了以民间主导的慈善事业发展模式。该慈善事业发展模式下，慈善活动开展对于稳定当时社会时局具有积极功能，弥补了政府公共事务能力的不足。因此，这个时期政府也通过一些税收激励措施鼓励民间慈善事业的发展。只是对民间慈善定位的偏差导致其最终沦为政府社会救助职能的工具，采取税收激励的力度也不能支撑慈善组织发展所需。

一、近代民间慈善思想转变与慈善事业发展特征

近代以来，受到外力冲击和影响，很多新元素出现在中国社会内部，慈善思想也由传统向近代嬗变，最终形成了具有崭新内涵的慈善思想。1840年清政府在鸦片战争中全面战败，导致割地赔款，国门大开，西方社会的慈善福利思想通过教会在华兴办的慈善机构成为中国人了解西方社会慈善事业最直接的途径。西学报刊的传播，使国人对西方各国慈善福利事业有了清晰的了解；部分中国人海外的亲身见闻促使人们对于慈善的认识达到一个较高的水平。[①] 以此为背景，中国慈善理念发生重大变化，由传统的"重养轻教"到近代的"教养并重"。实践方面，慈善的内涵更为丰富，慈善机构功能不断扩大。周秋光、曾桂林（2014）曾将近代慈善事业的特征归纳为五个方面，而这些特征是每一种慈善事业发展模式都必不可少的要素。第一，他们认为，推动近代慈善事业发展的慈善家群体的出现不仅提高了当时慈善活动的效率，并且在更大范围内动员了社会力量积

---

① 周秋光，徐美辉. 论近代慈善思想的形成与发展［J］. 湖南师范大学社会科学学报，2005（5）：111-116.

极支持慈善事业发展。第二,作为慈善事业建立的标志之一,专业化慈善组织的出现及其类型多样性极大提高了慈善活动效率和慈善范围。第三,在慈善家群体出现以及慈善组织数量和类型不断增加的情况下,慈善资源变得丰厚,类型也越来越多样化。募集慈善资源的渠道也得以拓宽。第四,在经济、交通都得以迅速发展的近代,慈善救济方式的可选择性更广,各种通信和交通工具都成为推动近代慈善救助事业的重要因素。第五,有前面的慈善家群体、专业化慈善组织、募集资源途径的多样化以及救济手段的多样性作为基础,慈善事业不仅在活动类型方面得以拓宽,而且慈善救济的区域更是得到不断扩大,这也是近代慈善事业区别于古代宗族慈善模式的重要标志。①

二、近代民间主导的慈善事业发展模式

"教养并重"慈善理念的转变与慈善的组织化、规范化发展成为近代民间慈善事业发展的思想基础和组织基础,加上近代中国自然灾害与战乱频繁的社会基础和民族资本主义经济的发展为开展慈善活动提供了物质保障。民间慈善组织,如中国红十字会、世界红十字会、华洋义赈会、香山慈幼院等大量出现,并取代政府成为慈善救助的主体(周秋光,王猛,2015)。这些民间慈善团体开展广泛的慈善活动,实施的具体内容从"教""养"两条线路出发,既包括慈善救济也有慈善教育。例如,在慈善救济方面包括养老、育婴、施衣、施医等;在慈善教育方面包括兴办义学、授予技艺等。民间慈善组织所开展的这些慈善活动能减轻因社会动荡、自然灾害带给百姓的苦难,维持和保障他们的基本生活。从而在客观上稳固了政府的统治秩序。虽然民间慈善组织在开展慈善活动、推动慈善事业发展上起着主导作用,但这并不意味着近代政府对慈善事业的发展毫无帮助。实际上,近代中国政府除为慈善组织的设立、监管、运

---

① 周秋光,曾桂林. 近代慈善事业的基本特征 [N]. 光明日报,2004-12-14.

行等方面提供制度支持外,还给予慈善组织以资金支持。首先,在慈善组织的设立与运行监管方面,据统计,北洋政府颁布了6项涉及慈善事业的法规,1927年南京国民政府建立后制定和颁布的慈善法规大约有20项(周秋光,王猛,2014)。其次,在慈善组织资金来源方面,北洋政府对慈善组织的资金支持分为直接的财政拨款和对慈善组织的税收优惠。财政拨款方面,在1913年和1914年红十字会救护"二次革命"和青岛兵灾时,袁世凯即命财政部拨款2万元,各省将军、巡抚也捐助数万元(李文海,朱浒,2004)。慈善税收优惠方面的法规以对慈善组织的减免为主。

虽然由于民间慈善组织的发展使我国近代慈善事业转型得以成功,并得到良好的社会效果,但这种转型并不彻底,因为民间组织的非政府性、自主性和受到近代西方民治思想影响,且其与政府存在矛盾关系,民间组织经常受到政治干预,无法表现其自主性(王猛,2015)。这其中一个重要原因就是"在中国几千年来政治文化当中,没有社会独立于国家并获得不受国家干预的自主权这种观念"(蔡勤禹,孔祥成,2014)。所以南京国民政府成立以后,慈善组织的人事制度、社会救济活动、慈善资金使用等都受到政府的严控,使其具有公办色彩。虽然民间主导慈善事业发展的模式只在短暂的时间内出现,但其足以证明民间慈善力量对社会福利事业带来的积极影响。同时,这一时期民间主导的慈善事业发展模式也对后来我国慈善事业发展模式的选择提供了范本,为有效处理民间慈善发展与政府间关系提供了史料。

三、慈善税收优惠制度在近代的产生与发展

慈善理念的变化与慈善实践的纵深发展推动着近代慈善事业的规模不断扩大。在"教养并重"慈善理念的指导下慈善救助更为有效。此时,政府也看到慈善事业对于国家、社会的稳定和发展起到的重要作用。同时,20世纪上半叶,"由于外国资本、官僚资本、民族资本的不断扩展,新的

生产关系推动旧有上层建筑的变革,中国的税收制度也由封建性税制向资本主义税制方向演进。"① 而这些变化就包括了国家以税收优惠形式扶持慈善事业的政策,具体而言,包括两方面的内容,一是就慈善组织自身获得的税收优惠,二是捐赠者所享有的税收优惠。

与古代以个人同情心作为慈善发生的根本动因,忽视人性"恶"的一面,放任"朱门酒肉臭,路有冻死骨"的社会不公现象,也不愿"让利"君主的赋税权力来积极倡导民间的互助关怀不同,近代的"教养并重"慈善理念加大了救助弱势群体的力度与范围,创新了慈善救助办法,提升了慈善救济的效率。这对于缓和当时社会矛盾、稳定时局、实现社会公正都产生了积极影响。慈善救济效率提升与促进社会公平功能的凸显,使政府愿意让利税收收入以辅助慈善组织从事各项公益慈善活动或救济活动,实乃一大进步。1915 年,北洋政府拟订《遗产税条例草案》,该草案对慈善捐赠行为给予税收优惠并规定"凡捐赠其财产于公益慈善或合族义庄在 1000 元以下者"②准予免纳遗产税。但同时,从民国时期具体的慈善税收优惠制度内容也不难发现,慈善当时也只是被视为政府暂稳时局的一种工具。因为作为最能够激励慈善捐赠的所得税并未对慈善捐赠享受所得税优惠进行规定。1937 年 5 月 31 日,国民政府财政部门颁布了《第一类营利事业所得税征收须知》,该须知明确将"自由之捐赠"列为不能进行税前扣除的费用。我国近代时期,政府对慈善事业的如此定位也削弱了以税收优惠激励慈善这一措施本应有的功效。因为税收优惠会导致政府财政收入减少,在慈善事业被作为政府职能工具的角色定位上,以慈善税收优惠制度激励慈善事业,政府必然要求更多的"慈善回报"以及对行政命令唯命是从的慈善组织。因此这时的慈善税收优惠制度表现出两点不足。一是立法层次不高,给具体落实带来困难。以 1945 年出台的《私立救济设施

---

① 国家税务总局. 中华民国工商税收史纲 [M]. 北京:中国财政经济出版社,2001:1.
② 国家税务总局. 中华民国工商税收史. 直接税卷 [M]. 北京:中国财政经济出版社,1996:213-218.

减免赋税考核办法》为例,其在法律层级上只能算是部门规章,相较于法律而言在稳定性、确定性方面都比较低,这给慈善组织获得税收优惠带来了不确定性。二是对捐赠者的激励不足。因为当时的捐赠者更多的是被给予名誉上的奖励,虽然《遗产税法》等少数法律对捐赠问题的税收减免有一些规定,但还仅仅是一些原则性规定,有待具体落实与细化。[①] 此外,慈善工具论存在的深层次原因,还是由于中国近代所接受的西方保障理念将慈善视为一种济贫工具。但当时普遍认为贫困是个人的无能和懒惰造成的,而非社会因素所致。故政府将穷人接受救助看作统治者对被统治者居高临下的施舍,而非贫民天然的权利(公维才,薛兴利,2011)。因此,政府过多地让渡财政收入以激励民间慈善实际是在助长懒惰与无能。所以,民国时期慈善税收优惠制度无论对慈善组织还是捐赠者实质上并没有多大的奖励。

四、现代慈善事业发展初期及慈善税收优惠制度

新中国成立后,政府全面接管了之前的慈善社会组织,民间慈善事业暂停了向前发展的脚步,民间慈善理念与意识也逐步淡化。虽然在20世纪90年代恢复了慈善事业的发展,且采取了税收优惠作为促进措施,但我国慈善事业仍未形成一定规模和明确的发展模式,慈善税收优惠制度也在这种非模式化和非规模化发展状态下存在诸多不足。《慈善法》的实施改变了过去我国公办慈善在管理体制和制度规定方面存在的不足,为我国慈善事业朝着现代化方向发展奠定了基础。但目前的慈善税收优惠制度无法满足现代慈善理念和民间主导的慈善事业发展需求。为促进我国现代慈善事业的发展,必须对目前我国慈善税收优惠存在的不足进行完善。

---

① 国家税务总局. 中华民国工商税收史·直接税卷 [M]. 北京:中国财政经济出版社,1996.

(一) 初期慈善事业发展状况

新中国成立后,《新中国的救济福利事业——一九五〇年四月廿六日在中国人民救济代表会议上的报告》转变了救济福利事业是统治阶级欺骗与麻痹人民的装饰品的观念,政府支持大力发展慈善事业。只是由于民间慈善事业发展基础薄弱,因此慈善事业主要以政府推动的方式发展,在长达四十多年的时间里中断了民间慈善中对慈善文化的研究与慈善理念的培养。由于民间慈善活动的长时间中止,所以即使在20世纪90年代复兴慈善事业之后慈善组织如雨后春笋大量出现,民众的慈善捐赠热情也被调动起来,慈善事业也得到迅猛发展,但政府仍然是慈善事业的主导力量,民间对慈善事业发展的促进作用没能得以发挥,且在诸多方面受到政府的严格控制。首先,我国民间慈善的组织与运作呈现出"先天不足"和"后天积弱"的现实状态,大多数慈善组织定位模糊,边界不清,行政色彩浓厚,缺乏自主性和灵活性。同时,由于行政化的管理方式被大量移植到慈善事业的管理上,产生了很多体制性的不适应,慈善活动在运作过程中缺少必要的行业自律、监督和审计,缺乏募捐和执行的专业分工,管理上存在漏洞,致使侵占、挪用、贪污善款的行为时有发生,饱受舆论诟病和民众非议(刘威,2009)。其次,公办慈善事业背景下不仅使民间慈善组织的发展被边缘化,慈善捐赠的热情也被降低,因为慈善活动开展、慈善资金使用的非透明化导致民众的不信任。并且由于公立慈善组织具有政府背景,其慈善募捐往往被异化为"行政摊派",这与慈善捐赠本质是出于捐赠人的道德情感与社会责任感下的自愿行为背道而驰。因此,导致民间慈善捐赠热情被消减。最后,从功能上说,公办慈善体系容易强化公立慈善组织所具有的管理职能而非服务功能。从而容易使这些组织把慈善事业看作一种政府事务,通过自上而下的途径来推进。[1] 这无疑会导致其丧失有

---

[1] 庞树奇,王波.中国慈善事业的纵横比较 [M]//卢汉龙.慈善、关爱与和谐.上海:上海社会科学院出版社,2004:12-36.

效发现民间慈善需求的功能，无法提高慈善需求者的慈善福利以及促进慈善事业的发展。总之，由于慈善理念淡化与慈善文化断层对我国社会民间慈善发展造成了阻碍。

（二）发展初期的慈善税收优惠制度

公办慈善的慈善事业发展方式的弊端不仅体现在慈善制度上，并且其对于慈善税收优惠法律制度体系的建立也造成不良影响。这种不利影响体现为公立慈善组织和民间慈善组织在税收待遇上的差别，从而造成公办慈善对民间慈善发展空间的挤占。这种慈善税收优惠上的歧视待遇体现在慈善组织获得免税资格和税前扣除资格上。一般而言拥有政府背景的慈善组织更容易获得免税资格和税前扣除资格。就免税资格而言，一些基金会、慈善组织和公益性群众团体，现在是不能申请捐赠免税资格的。[①] 无法获得所得免税优惠意味着这些民间慈善组织被视同一般营利性企业被征收企业所得税，从而减少民间慈善资源，也妨碍了民间慈善活动的开展。税前扣除资格是慈善中间组织获取的一种能力，凭此资格慈善性组织能对捐赠主体的捐赠行为开具能够获得税收优惠的凭证。因此，拥有税前扣除资格的慈善组织能增强其募捐的能力，从而增加慈善资源。但目前我国民间大多数社团，以及没有合法登记的组织，都不能享受捐赠免税资格（刘威，2009）。这从我国的捐赠流向可明显看出，根据《人民日报》的报道，在民政部 2010 年收到的慈善捐款中，近六成捐款流入政府、慈善会及红十字会系统中，只有 1.3% 的捐款到了慈善会之外的社团、民办非企业单位和福利院；而在这 1.3% 的捐款接收部门中仍不排除有政府背景的公益组织（林卡，吴昊，2012）。总之，这一时期我国慈善税收优惠制度存在的不足无法满足《慈善法》实施后其所追求的发展现代慈善事业的需求。

---

① 庞树奇，王波. 中国慈善事业的纵横比较 [M]//卢汉龙. 慈善、关爱与和谐. 上海：上海社会科学院出版社，2004：12-36.

第三节　慈善法治背景下的税收制度供给

一、慈善法治时代慈善事业发展目标

虽然公办慈善是新中国成立以来我国慈善事业发展的主要特征，但近年来随着我国民间慈善组织壮大与慈善捐赠热情的高涨，以及学者对慈善事业发展规律研究的不断深入，具有中国特色的现代慈善事业初具雏形。以《慈善法》的实施为代表，其对慈善活动范围的界定、对慈善事业管理体制的改革、对慈善中介组织制度的创新以及对促进措施的规定都彰显了以发展现代慈善事业为目标。《慈善法》作为慈善领域的基础性、综合性法律，其颁布实施对发展我国慈善事业具有划时代的意义，意味着我国慈善事业迈向新的阶段。从《慈善法》对慈善的界定来看，将过去扶贫济困的小慈善思想升华到了促进科教文卫与环境保护的大慈善理念。从《慈善法》对慈善事业体制机制的创新来看，这些创新性内容畅通了社会资源进入慈善领域的通道。从《慈善法》对慈善事业的促进措施来看，较为全面地规定了捐赠主体、受赠主体以及受益人等享受税收优惠的内容。总之，历经11年才颁布实施的《慈善法》使我国慈善事业迈入现代慈善的新时代。

（一）《慈善法》彰显了现代慈善理念

与古代施舍慈善理念和近代工具型慈善观不同，《慈善法》对慈善的界定彰显了现代慈善理念，其内核是人本价值观和慈善事业可持续发展。《慈善法》从我国处于初级阶段的基本国情出发，将"扶贫、济困"列为慈善活动内容的第一位，并且在促进措施中规定"扶贫、济困"慈善行为将获得特殊的税收优惠。此外，将促进教育、科学、文化、卫生、体育等事业的发展，防治污染和其他公害，保护和改善生态环境等内容，放在慈

善活动范围内，而这些慈善活动是实现人类可持续发展必不可少的因素。现代慈善事业从人的生存权、发展权出发，基于平等自由的价值理念，以促进公民之间的机会、权利共享，风险、义务共担为目标。因此，在现代公益概念中，个人之所以行善，是个人承担对他人的社会责任。这种责任不是分外的德行，而是现代公民在公共生活中主体地位的体现。[①] 这种强调公民意识、社会责任意识的慈善理念，其行为虽也强调自愿性，但不会更多地苛责行为的具体动因。因此，一方面，任何强制性的摊派或舆论压力都与慈善精神相违背；另一方面，社会责任意识并不否认动机的多元化。虽然慈善的本义是无偿性帮助，但并非所有慈善行为都从利他动机出发。正如美国社会交换理论的代表人物布劳所说："但在这种无私的面纱下，我们可以发现一种潜在的利己主义；帮助他人的倾向常常是以下述期望为动机：这样做会带来社会报酬。"[②] 另外，从社会发展的角度考察，慈善事业是市场经济社会的有机组成部分，是对社会资源（有形或无形）的一种合理有效的重新配置和开发。这种重新配置的动力来自两个方面：慈善的心灵和利益的驱动。前者是人类善良本性的显现或引发，后者是人们对个人利益的明智选择。[③] 这种不过分纠结动机的纯洁性以及将动机与效果分离的慈善观势必会促进更多慈善捐赠产生，这为现代慈善事业的发展提供了物质保障。但由于目前我国慈善税收优惠立法以组织财政收入为目标，将有损财政税收收入的一些"非纯粹"利他性慈善行为排除在享受税收优惠的范围之外，因此，无论从指导思想还是具体制度上，我国现行的慈善税收优惠尚无法完全承接现代慈善理念下多样性慈善行为方式。为促进《慈善法》追求的现代慈善事业，我们应转变目前慈善税收优惠的立法指导思想。

[①] 顾骏. 重建中国慈善文化的若干要点 [Z]. 中华慈善文化论坛（无锡）暨首届市长慈善论坛，2006.
[②] 彼德·布劳. 社会生活中的交换与权力 [M]. 孙非等译，北京：华夏出版社，2008：19.
[③] 姚俭建，Janet Collins. 美国慈善事业的现状分析：一种比较视角 [J]. 上海交通大学学报（哲学社会科学版），2003（1）：13-18，47.

现代慈善不仅追求一种权利共享、责任分担的公平价值理念，同时也注重提升慈善的效率，因此其又被称为"科学慈善"。其科学性体现在由专业化的团队组织运营和科学性、计划性地进行救助。社会问题的复杂性要求慈善事业通过有限资源的投入带来撬动式改变，相应地催生慈善专业化与职业化的社会需求。现代慈善一个突出表征就是：大量以公益为目的、采取组织模式运作的慈善组织作为联系捐赠者和受益者的中间组织成立起来，慈善组织自我管理、自我约束、自我发展，是现代慈善事业的核心主体。慈善组织的存在降低了慈善服务过程中的交易成本，有效避免了慈善资源的浪费。借助组织化方式运营，公民慈善权利的行使可以得到充分保障，捐赠者的善良愿望也能得以实现，慈善活动也因此获得了生命力。[①] 随着越来越多的公共事业被纳入慈善范围，慈善组织的专业化、职业化内涵也在不断地扩大。为实现设立宗旨，现代慈善组织的职能已经不仅限于慈善资源的分配，其还需要通过向社会募捐或者对慈善资源的有效运作实现财产的保值增值，为解决公共事务提供物质保障。因此，慈善组织以慈善为目的对慈善财产的积极管理行为也应当获得税收优惠的支持。目前我国通过赋予慈善组织免税资格和税前扣除资格，使其获得开展慈善活动的慈善财产。但现行慈善组织获得的免税范围狭窄，不能对慈善组织进行积极财产管理行为所得免税。造成该现象的原因既有课税理论使用不当，也与国家对慈善组织管理体制采取严格事前准入条件而放松事后监管的模式有关。对此，随着慈善组织功能逐步强大，慈善税收优惠制度赋予现代慈善组织的税收优惠也应适当放宽。国家对慈善组织应加强对被赋予税收优惠的慈善组织的监管。

（二）《慈善法》追求民间为主导的现代慈善事业发展模式

《慈善法》对慈善事业管理体制的改革，体现了政府在慈善事业发展中的角色已经由过去的参与者转变为监管者，这为民间慈善的自由发展腾

[①] 李健. 慈善法充分彰显现代慈善新理念 [N]. 光明日报, 2016 – 03 – 25 (010).

出了空间；对慈善制度的创新降低了慈善组织设立的门槛，畅通了社会资源进入慈善领域的通道；对促进措施的规定能起到鼓励社会慈善捐赠的作用，并为慈善主体享受税收优惠提供制度保障。从《慈善法》以上规定的内容来看，其所追求的是民间主导的现代慈善事业发展模式。现代慈善事业不同于传统慈善事业，在慈善理念上所追求的社会公平与正义已不仅是靠过去以"授鱼"方式解决一时的困难，其更注重以"授渔"的慈善帮助方式使受益者彻底摆脱困境。因此，现代慈善不只是一时的救贫救急，而是从制度出发，考虑如何从根本上消除社会贫困。因此，现代慈善事业的济世救人之举包含了两层含义，一是进行"济困"助人摆脱暂时困境，二是"扶贫"帮人脱离贫困。前者是一种暂时性活动，可被视为"小慈善"，后者是一种历史性活动，是一种公益性行为。公益性行为主要考虑如何辅助那些能自助脱贫者彻底摆脱困境，向那些希望得到改善的人提供一定资助，使之得以如愿，或给那些有抱负的人以资助使之能成功。要去帮助，而不要或尽量少去包办一切。施舍从来不能改善个人或民族的处境，除了少数例外，那些值得帮助的人往往不主动求助于人。在细心而热诚地去帮助那些值得帮助的人的同时，必须同样注意不去帮助那些不值得帮助的人。[①] 因此，现代慈善丰富了慈善理念，不再是一种道德上的施予与恩赐，而是追求社会公平与公正，使穷人或不成功者在重新进入经济竞争领域时，有更好的条件和更平等的机会，以便让每个人的权利都能够得到有效的保障，每个人都可以通过各种途径接受教育，获取各种信息，过上体面的生活。由于慈善性中间组织的存在，现代慈善所谓的"帮助"不是以个人"恩赐"的方式直接地给予他人，而是通过一定的社会公益机制间接地达到他人手上；现代慈善对慈善需求的满足不受限于人的生存需求，更照顾到人的发展需求。就此，这种现代慈善观认为获得慈善资助不是一种被动的请求，而是作为个人的正当性权利。在现代慈善观下，没有人身依附，没有私人恩怨，所产生的是对社

---

① 罗伯特·莱西曼·生者与死者的对话 [M]. 李胜福，等译，北京：时事出版社，1997，2010.

会共同体的凝聚与认同。因此，这样的公益制度产生两个最积极的结果：一是可以培育独立的人格，激励个人的奋斗精神；二是在个人心中树立对社会共同体的忠诚，从而使得我们的社会更加稳定和富有生机（刘京，2005）。由此可见，现代慈善被作为一种可持续的事业来发展，其理念支撑是现代社会理论下的社会责任观与个人道德情感，组织基础由政府转为民间慈善组织，慈善资源的主要来源是社会捐赠，政府促进慈善事业发展的主要职能转变为相关制度供给和对慈善组织规范化运作的监督。民间主导的现代慈善事业发展模式能克服公办慈善模式下慈善事业发展功能受限、慈善组织运作非独立性、慈善捐赠信心不足的缺陷。但相比于公办慈善，民间主导的慈善事业发展模式更需要民间慈善捐赠的支持，我国应建立起相应的慈善税收优惠法律制度体系以回应现实所需。

二、慈善法治发展对慈善税收优惠法律制度的要求

与之前我国慈善事业发展理念与发展路径相比，《慈善法》追求的现代慈善理念和选择民间主导的慈善事业发展路径需要明确的、稳定的、普遍的慈善税收优惠法律制度的支持。而目前我国慈善税收优惠制度不具备这些特性，应当对慈善税收优惠规定进行法制转化。

（一）《慈善法》对慈善税收优惠的法制化要求

我国古代施舍恩赐的慈善思想与理念和慈善中介组织功能受限，决定了当时慈善事业的发展无论在慈善规模、慈善范围还是受益对象上都受到严格限制。同时也没有慈善赋税优惠制度来促进古代慈善事业的发展。到了近代，受西方制度移植思潮的影响，北洋政府和国民政府注重通过法律的形式调整和解决慈善事业发展过程中产生的各种社会利益关系和问题，包括慈善组织的设立、管理，并通过给予捐赠者名誉上的奖励，授予褒章、匾额等方式激励慈善捐赠。这时的慈善法制建设规范了当时慈善事业的发展，并且促进了我国传统慈善事业向近代慈善事业的转型。慈善税收

优惠法制化更为当时慈善组织规模化、慈善方式多样化、慈善范围扩大化发展等核心慈善事业内容的变革起到重要作用。但不可否认的是，近代慈善税收立法也存在一定的局限，一是体系结构不均衡，二是立法层次低，三是执行力度不够，法律实施效果不理想（曾桂林，2013）。新中国成立后，前三十几年里我国慈善事业的发展几乎处于停滞阶段，慈善税收法制尚未建立。自改革开放以来，虽然慈善事业的发展得到恢复，但受计划经济制度影响，慈善事业与政府社会救助、公共福利事业之间纠缠不清，定位不明，处于界限划分不清晰的状态。因此，慈善组织在设立主体和设立程序、活动范围、资金来源等方面都带有官方或半官方的性质。而慈善税收优惠法律制度受此时慈善事业发展特征的影响，在税收优惠对象、优惠税率设计、优惠税种的选择上都受到严格的控制。具有官方背景的慈善组织或政府支持开展的慈善活动能享受更多的税收优惠。慈善税收优惠法律制度在结构上存在偏差、税种选择范围狭窄的缺陷，优惠税率设计也存在激励不足。

综上所述，慈善思想、理念与慈善事业发展模式会对慈善税收优惠法律制度的形成产生重要影响。《慈善法》明确了促进民间慈善事业发展的立法宗旨，丰富了慈善理念，拓宽了慈善范围，降低了慈善准入门槛，为慈善事业朝向规模化、组织化和规范性发展奠定了制度基础。《慈善法》作为一部开拓性的法律，对慈善制度立法上的创新为民间主导的现代慈善事业的发展奠定了基础。如前文所述，现代慈善理念彰显人本价值观与可持续性发展的理念。该慈善理念源起于人们对平等自由价值的追求，慈善资源的产生与分配都遵循正义的原则。现代正义型慈善观的实现需要将慈善制度化，包括慈善主体类型规范化、慈善行为方式明确化、慈善促进措施健全化，以求消除贫困，实现发展机会公平和各类公益事业的协调发展。法律作为追求正义价值的制度，通过权利义务的设置对社会利益进行分配。因此，现代慈善事业实现正义价值追求以及努力消除贫困、发展公益的目标需要法制化建设。慈善法制化在《慈善法》实施时已经完成了第一步，但作为一部基础性法律，其对诸多具体制度无法详细规定。特别是作为慈善促进措施的慈善税收优惠制度，其立法不仅关乎主管慈善活动的民政部门，更涉及与国家财政、税务两大部门间的税收利益协调问题。慈善税收优惠制度的法制化建设是现代慈善事业规范发展的难点，也是重点。因为慈善税收优惠法律制度的建立是慈善环境形成的一个重要因素，对于培养现代慈善理念与思想，促进现代慈善事业发展具有重要作用。

（二）慈善税收优惠法律制度的未来发展

从慈善税收优惠法制化过程来看，作为服务于慈善事业发展的重要制度，慈善税收优惠法律制度的建立受慈善理念与慈善事业特征的影响。具体而言，慈善理念差异使人们对慈善事业的功能形成不同的认识，从而在采取激励措施上有所差别。我国古代施舍慈善观视慈善为统治阶级的特权，而不是从受助者的角度考虑慈善具有的意义。因此我国古代没有慈善赋税优惠制度来激励慈善捐赠扩大慈善救助的范围。受西方慈善思想影响，我国近代慈善观去慈善特权化还原慈善本义，并采取税收优惠的方式鼓励慈善事业的发展。但此时慈善事业的发展受政府影响较大，慈善组织的类型、设立程序、慈善活动的范围、慈善税收优惠制度等规定都以实现政府社会保障职能为宗旨。新中国成立至《慈善法》实施前，我国慈善税收优惠制度没有很好地发挥独立的价值追求，而是成为政府控制慈善资源的手段。在《慈善法》实施之后，国家已改变对慈善事业的管理体制。如前文所述，慈善税收优惠制度的立法指导思想和课税理论都应进行适当调整，以适应现代慈善事业发展所需。

1. 从慈善主体的视角确立慈善税收优惠立法指导思想

现代慈善事业是一种从人的生存权、发展权出发寻求科学化、规律化发展的慈善模式，其既秉持着慈善最初源于道德情感而作出济贫扶困行为的本意，同时也蕴含着在现代社会中公民对实现公共价值负有不可推卸的责任之意。之所以现代慈善事业对促进社会和谐起到了更大作用，源于现代慈善转变了过去慈善行为权力化、慈善受益被动化的局面。慈善受益权利化和慈善帮助义务化是现代慈善事业区别于过去慈善事业类型的主要特征。在慈善受益权利化之后，将改变慈善法律关系主体（包括慈善组织、受益人）获取慈善资源的方式。慈善组织将以积极开展募捐活动、收取会费及经营性所得作为慈善资源获取的主要方式。受益人作为慈善资源直接使用者拥有获得慈善资助的权利，有权在众多慈善组织中选择帮助的主体以及帮助方式。慈善帮助义务化从社会责任理论出发，认为公民对促进公共价值负有不可推卸的责任。慈善作为民间的一种互助形式，最初只是人们内心道德情感外在表达的方式。但现代慈善事业对慈善活动的定义不仅限于扶贫济困，更包括教育、医疗、科技、体育等公益范围。因为这些公益事业的存在从机会公平、起点公平的角度来解决社会不公所产生的问题。因此，以义务的形式对社会成员提出慈善扶助才能使这些公益事业的可持续发展多一份保障。现代慈善事业的这些特征决定了未来慈善税收优惠法律制度确立的视角不再从目前国家财政收入的逻辑出发，而是从捐赠人、慈善组织和受益人的角度以最大限度激励慈善捐赠、有效利用慈善资源和提高受赠人享受慈善福利水平的逻辑展开。除现代慈善事业追求的价值目标会影响慈善税收优惠法制化未来发展方向外，现代慈善事业具体开展方式同样能够影响慈善税收优惠法律制度的具体内容。因为现代慈善事业以规模化、组织化、专业化的方式开展慈善活动，慈善组织必然成为慈善税收优惠法律制度规制的主体。总之，现代慈善事业追求的价值理念与实施路径将影响未来慈善税收优惠发展方向。

2. 调整慈善税收优惠法律制度的内部结构

为使慈善税收优惠制度真正对现代慈善事业发展起作用，我们应当汲取以前慈善税收优惠立法的经验，完善慈善税收优惠结构体系，提高慈善税收优惠的立法层次，严格执行慈善税收优惠制度。就慈善税收优惠的结构体系来看，其主要内容包括慈善税收优惠税制结构、税种类型、优惠税率设计等。现代慈善事业范围广泛，需要合理的税制结构予以配合，以调节慈善资源的收入与分配。按照税制结构的特点，以所得税为主的税制结构比以商品税为主的税制结构对收入分配的调节效果更好。因此在慈善税收优惠结构的建立上，我国应当以所得税为主。但商品税是以货物、劳务为对象的税种，而各类慈善活动的开展离不开相应的商品、服务。因此商品税可从税率档次、征税对象的设计上给予不同慈善资源以税收优惠，使商品税也具有福利公益效应。况且我国一直以来都是以商品税为主的税制结构，其税收规模占总税收收入比例也很大。在商品税中规定慈善税收优惠的内容能增强税收优惠激励慈善事业的影响力度。因此商品税应成为我国慈善税收优惠制度结构的另一主体。与所得税以增量财产为调整对象不同，财产税是主要以存量财产为纳税对象的税种。两种不同类别的税种的慈善税收优惠立法也应采用不同的优惠方式。以增量财产进行捐赠的税收优惠制度应以不增加该捐赠部分的税收负担为准，甚至应该给予减免税额的优惠。以存量财富进行捐赠的应考虑其已经在捐赠者持有环节负担了税收，因此对捐赠者给予的税收优惠除减免外，还可依据其捐赠的形式（完全所有权的捐赠还是部分使用权的捐赠）考虑其他税收优惠的方式，以激励慈善捐赠。比如，对捐赠主体其他财产税应纳税额进行减免。

第四节　后疫情时代的慈善税收优惠制度

一、疫情背景下的慈善事业发展特性

（一）疫情期间的慈善捐赠状况

2020年新冠肺炎疫情发生初期，社会各界纷纷进行慈善捐赠，尤其是国内企业积极投身抗击疫情的活动中。2020年4月的数据显示，国内4000多家企业进行了慈善捐赠活动，募集的慈善资源达到351.4亿元。[①]其中民营企业捐赠数额最多，慈善资源的动员也更迅速，其捐赠额占企业

---

① 资料来源：黄群慧，钟宏武，张蒽．中国企业社会责任研究报告（2020）［M］．北京：社会科学文献出版社，2020．

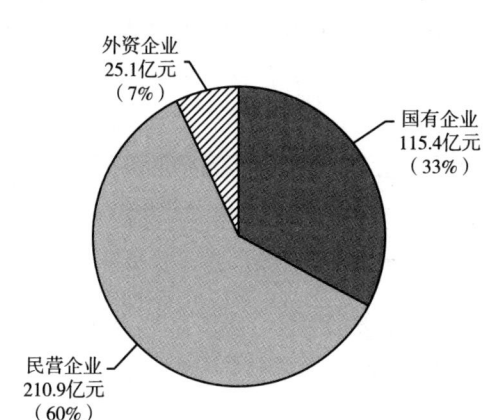

捐赠总额的60%，是企业捐赠的主力军（见图2-1）。

图2-1 不同性质企业捐赠金额情况

资料来源：黄群慧，钟宏武，张蒽．中国企业社会责任研究报告（2020）[M]．北京：社会科学文献出版社，2020．

此次抗击疫情中，民营企业呈现出与以往慈善捐赠不同的特性。一是民营企业中的互联网相关企业对疫情反应更快，体现在募捐发起时间、捐赠的数额以及对慈善资源的有效利用上。民营企业中与互联网相关的企业在捐赠总量上占优势（见表2-1）。

表2-1　　　　　民营企业抗疫捐赠前十统计　　　　单位：万元

排名	企业名称	金额
1	腾讯	220000
2	恒大集团	120000
3	阿里巴巴	110000
4	字节跳动	40500
5	运鸿集团	31240
6	百度	30000
6	波司登	30000
6	方大集团	30000
6	美的集团	30000
10	伊利	28000

资料来源：黄群慧，钟宏武，张蒽．中国企业社会责任研究报告（2020）[M]．北京：社会科学文献出版社，2020．

二是在捐赠流向中，国有企业以及实体经济企业的捐赠主要流向了政府及职能部门、慈善组织，而互联网相关企业进行的捐赠主要通过设立基金的形式自主执行（见图2-2）。

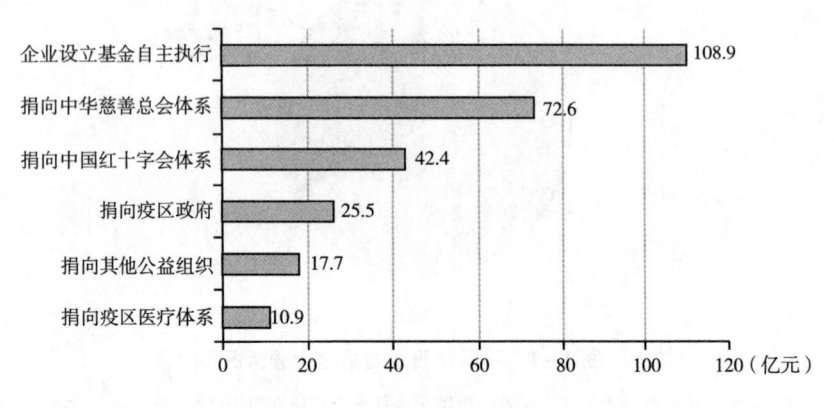

捐赠渠道	金额（亿元）
企业设立基金自主执行	108.9
捐向中华慈善总会体系	72.6
捐向中国红十字会体系	42.4
捐向疫区政府	25.5
捐向其他公益组织	17.7
捐向疫区医疗体系	10.9

图2-2 捐赠渠道去向统计

资料来源：黄群慧，钟宏武，张蒽. 中国企业社会责任研究报告（2020）[M]. 北京：社会科学文献出版社，2020.

三是抗击疫情的志愿者服务形式成为慈善活动新形式。在抗击疫情期间，从医疗物资发放、防疫常识普及、社区隔离上门服务、抗疫云端服务等都有志愿者的支持。大量志愿者的存在、志愿服务的长时间与普及、志愿服务范围的广泛性成为应对此次疫情抗击的重要力量。例如，据不完全统计，疫情期间，天津市有8431支志愿服务团队的277689名志愿者参与到各类志愿服务工作中，其中，新增男性志愿者4.46万人，占比63.72%；新增女性志愿者2.54万人，占比36.28%，成为天津市疫情联防联控的重要力量。[①]

（二）疫情背景下慈善事业发展特性分析

疫情发生后，民间慈善力量充分展示了其优越性。在募集抗击疫情的

---

① 穿上"红马甲"筑牢"防疫墙"疫情期间天津新增注册志愿者7万余人［EB/OL］. http：//cnews.chinadaily.com.cn/a/202004/18/WS5e9a6027a310c00b73c77f9c.html.

慈善资源、动员慈善力量、分配慈善资源等方面彰显了民间慈善的自主性。疫情发生后，短时间内国内企业筹集过百亿的慈善资源并投入使用。在《慈善法》及配套措施实施后，充分释放了慈善意愿，为民间慈善力量的不断发展和壮大提供了制度支撑。互联技术的融入为慈善资源的募集和使用提供了技术支撑：一方面扩大了慈善资源的来源，为慈善意愿的释放提供了技术支持；另一方面，互联网技术也成为慈善资源高效、透明使用的基础设施。所以，在互联网企业的慈善捐赠活动中，出现了一批通过设立基金自主执行慈善活动的民间慈善力量。可见，互联网技术在推动民间慈善事业发展的同时，对专业性、组织性和计划性的现代慈善事业发展形成一定的挑战。这种挑战包括对民间慈善资源的分流和对公立慈善组织的发展。互联网技术的发展使慈善募捐的信息能准确、快速地进行传达，在拓展慈善资源的同时也将更多的慈善资源引向民间慈善中间组织而非公立的慈善组织。互联网技术的发展还为慈善资源的高效、透明使用提供技术支撑。互联网平台可以及时发现慈善性需求、实时公布慈善资源的使用去向，为慈善捐赠主体和受益主体搭建起需求平台。这种公开、透明和高效的慈善运作方式增强了捐赠主体对民间慈善的信任。总之，《慈善法》及配套措施的实施为民间慈善事业规模化发展提供了制度支撑。这次疫情暴发后各方慈善数据可作为检验慈善性法律和政策功效的重要依据。

除了技术引领、民间慈善规模扩大这一显性特征外，志愿者服务也逐步成为重要的慈善力量，并彰显了在应对公共危机方面相对其他慈善资源的优越性。这种优越性使志愿者服务成为新型慈善不可或缺的部分。

二、疫情期间的慈善税收优惠制度分析

（一）疫情发生后慈善税收优惠新政的具体内容

2020年新冠肺炎疫情对国家发展的影响是全面性的，在疫情发生后，

国家税务局公布了应对新冠肺炎疫情税费优惠的系统性政策，这些税收政策包括防护救治、物资供应、公益捐赠、支持复工复产等几个方面①，其中有关公益性捐赠的税收优惠新政策有《财政部 税务总局关于支持新型冠状病毒感染的肺炎疫情防控有关捐赠税收政策的公告》《国家税务总局关于支持新型冠状病毒感染的肺炎疫情防控有关税收征收管理事项的公告》《财政部 海关总署 税务总局关于防控新型冠状病毒感染的肺炎疫情进口物资免税政策的公告》。这几份文件应对疫情防控的具体税收优惠政策有：无偿捐赠应对疫情的货物免征增值税、消费税、城市维护建设税、教育费附加、地方教育附加；通过公益性社会组织或县级以上人民政府及其部门等国家机关捐赠应对疫情的现金和物品允许企业所得税或个人所得税税前全额扣除；自2020年1月1日至2020年3月31日，适度扩大《慈善捐赠物资免征进口税收暂行办法》规定的免税进口范围，对捐赠用于疫情防控的进口物资，免征进口关税和进口环节增值税、消费税。

（二）疫情防控慈善税收优惠政策的特性

相较于作为慈善法制组成部分的税收优惠制度，疫情发生后的慈善税收优惠力度有所加强。但这种强化的税收优惠政策只是在原有的常态性慈善税收优惠政策基础上短期内有效，且在慈善税收优惠的形式上承继了流转税的免征与所得税的税前扣除政策，并没有突破原有的优惠形式。在慈善税制的税种体系中，疫情发生后，进行款物捐赠能享受税收优惠的税种限定在流转税和所得税类型，财产税、行为税并不涉及。从慈善税收优惠形式与涉及税种的现状来看，疫情发生后慈善税制是不成体系的，内容的完整性方面也有待弥补。

另外，疫情期间的慈善税收优惠主要针对捐赠行为。而在慈善领域

---

① 应对新冠肺炎疫情税费优惠政策指引［EB/OL］. http：//www.gov.cn/xinwen/2020－03/10/content_5489529.htm.

内，捐赠行为虽然构成慈善资源的重要来源，是慈善事业发展的根源，但作为慈善中介的慈善性组织同样也承担着慈善资源募集、保值增值和分配等任务。疫情发生后，由于缺乏对慈善组织及募捐行为相关的特定税收优惠制度，对慈善组织开展慈善募捐活动的志愿性有所限制，慈善组织应对公共疫情的自主性降低。由于慈善组织对慈善资源分配的被动性、低效性，所以出现了武汉红十字会慈善物资分配问题[①]，还有企业进行捐赠时通过设立基金会方式管理慈善资源的现象增多。通过设立基金会自主管理慈善资源背后有慈善捐赠对慈善中介组织的不信任，同时由于缺乏专门的慈善税收优惠制度，慈善组织无法及时采取有效措施募集和分配慈善资源。虽然通过设立基金会形式自主管理慈善资源有利于提升慈善资源使用的透明度，但这种分散性的资源管理方式难以应对公共疫情发生后集中、规模化、高效管理有限慈善资源及时满足公共所需的要求。所以，慈善组织的税收优惠制度的完善性事关慈善组织的自主性以及慈善资源募集和管理的效率问题。总之，目前有关慈善组织的税收优惠制度并不能有效提升公共危机发生时所应具备的自主性。

慈善资源是通过不同的捐赠方式和形式募集的，开放性、包容性慈善税制应该对有价值的各种形式的捐赠给予税收优惠。疫情期间实施的慈善性税收政策规定能够享受税收优惠的限于抗疫物资的款和物，并不涉及志愿者服务。但对比志愿者服务数据（见表2-2）与企业捐赠数据（见图2-1）显示，疫情期间志愿者服务转化的捐赠价值并不比款物捐赠价值低，且在抗疫期间志愿者服务带来的公益价值也不比款物捐赠的效用低。虽然志愿者服务不一定是为税收优惠而作出的志愿性行为，但税收优惠政策作为具有行为引导功能的政策，应鼓励志愿服务行为，将志愿者服务纳入慈善捐赠税收优惠范围。

---

① 湖北省红十字会回应捐赠物资分配情况：查找管理问题依纪依规追责 [EB/OL]. http://www.hbjwjc.gov.cn/lzyw/120077.htm.

表 2-2　　　全国志愿服务统计数据（截至 2021 年 7 月 28 日）

项目	单位	数量
实名志愿者总数	亿人	1.87
团队总数	万个	77.27
志愿项目总数	万项	460.34
服务时间总数	亿小时	25.96
记录时间人数	万小时	4589.43

资料来源：中华志愿者协会网站首页，http://www.chinesevolunteer.org/.

三、后疫情背景下慈善事业发展与税收优惠政策关系

疫情发生后，国家及时出台了新的慈善税收优惠政策鼓励社会力量共同抗击疫情。与疫情前慈善事业发展呈现的规模性、组织性和计划性不同，疫情期间出现了较多有实力的民营企业通过自主设立基金会形式筹集和管理慈善资源，体现了民间慈善组织的自主性。民间慈善组织自主性是慈善事业发展的基础，从促进慈善事业发展的视角，保护慈善组织的自主性是慈善法制的重要价值目标。就我国而言，从双重管理体制改革而来的慈善组织，提升自主性需通过自我管理、规范管理和激励机制等慈善法制共同完成。慈善税收优惠制度是慈善法制的重要构成部分，在慈善法制体系中主要承担激励慈善捐赠、优化慈善资源配置、规范慈善组织活动的作用。激励慈善捐赠使民间慈善组织能通过募捐活动获得广泛的慈善资源，是慈善税收优惠制度的主要立法目标。疫情期间，税务主管部门及时出台了应对疫情的慈善税收优惠制度，对抗疫物资捐赠者的款物给予税收优惠。但相对于疫情发生之前的税收优惠制度，疫情后的慈善捐赠税收优惠制度并没体现出其优越性，只是原有制度的延伸。慈善税制上的量变不能很好地适应后疫情时代慈善事业发展的特性。因为原有的慈善税收优惠制度主要针对规模性和计划性的慈善捐赠，拟订的免税资格条件主要针对社会团体、民办非企业性单位或者政府部门，隶属于民营企业的基金会由于

难以满足这些要件而被排除在获得免税资格之外。所以，就慈善税收优惠制度对慈善组织的激励性而言，目前的慈善税制与慈善组织发展之间存在错位、不匹配以及有效激励不足的问题。

此外，疫情发生后出现了与以往款物捐赠为主的捐赠形式不同的现象。数据显示，疫情发生后志愿者服务的人数、服务范围、服务的时长较疫情前都有了大幅度增长，且与款物捐赠金额相比，由志愿者服务转化而来的价值已经逼近款物捐赠价值。就效用性而言，志愿者服务对疫情防控的作用也不比款物捐赠带来的效用弱。因为新冠肺炎的传染性，志愿者的服务方式成为应对此次公共卫生事件的重要因素。所以，从志愿者服务的公益性、效用性和规模性来看，应当获得慈善税制的支持。然而，当前我国慈善税制体系中无论是对志愿者服务的组织或是对志愿者服务价值的认可等方面均存在不足。慈善税制体系中鲜少有对志愿者服务给予税收优惠的。所以，从慈善税制对捐赠形式的包容性来看，我国目前的慈善税制优惠对象过窄。后疫情背景下，我国慈善税制体系与慈善事业发展之间并不匹配，慈善税收优惠制度并不能起到激励慈善的作用。

本章小结

社会慈善观念是决定慈善事业水平的根基，慈善法制是对受慈善观驱动的慈善行为的法律评价，是使其规范、有序发展的制度基础，同时也指引着未来慈善事业的发展。即慈善观对慈善行为产生和慈善事业发展起着基础性作用，慈善法治化是慈善事业规范、有序及可持续发展的有效机制。慈善观念代表着慈善事业的潜能，良性的慈善法制能够充分释放、挖掘和激发慈善潜能；被激发的慈善潜能反过来型塑着新的慈善观念，两者间的良性互动共同推动着社会慈善事业公共价值的实现。《慈善法》是慈善领域的综合性、基础性法律，它的实施代表着我国慈善事业进入法治时代，同时也标志着我国慈善事业步入规范发展、有序发展的轨道。慈善税制作为慈善法制的重要内容不仅承载着规范慈善事业发展的目标，同时也承继着《慈善法》型塑慈善观念，变革慈善发展模式的重要功能。总之，慈善税制与慈善事业发展的匹配和慈善税制因应慈善事业发展的新形态、新趋势而适时调整，是一国慈善事业发展的前提和基础。

第三章

税收优惠激励慈善事业发展的逻辑证成

从我国慈善事业发展与慈善税收优惠的历史演进来看，并非任何时代的慈善事业都以税收优惠作为促进措施。且不同慈善事业发展模式对慈善税收优惠的要求不同，慈善税收优惠制度的立法供给也存在差异。税收优惠之所以应该促进慈善事业的发展是因为后者具有促进社会公平、实现社会和谐和多元文化的功能；政府在众多政策工具中主要选择税收优惠作为促进慈善事业发展的方式是因为其没有其他政策工具对慈善事业促进中产生的负效应。虽然税收优惠激励慈善事业发展具有税收以及经济学动因，但没有慈善事业的规模化、组织化为基础，税收优惠促进慈善事业发展在实践中也是寸步难行的。

第一节　逻辑前提：税收优惠激励慈善事业的正当性

税收优惠激励慈善事业发展的正当性源于慈善对社会公平的促进作用。由于税收优惠制度是以突破税制公平性、税制中性原则为代价进行的税收立法，所以必须有充分的理论和实践依据作为支撑。税收作为财政收入的主要形式是国家承担公共事务的物质保障，任何以牺牲税收收入为代价的税收优惠都应有充分的理由,即税收优惠的提供可获得更大的公共利益。以违背税收公平与量能课税原则进行的特殊税收立法,是在权衡多方利益冲突的背景下作出的规定。因此,在采用税收优惠作为激励慈善事业发展的方式时,应当注意平衡慈善税收优惠追求的价值目标与税法其他价值目标间的冲突;同时也应当控制慈善税收优惠的总量和分析其促进慈善事业发展的效益,以选择最佳的慈善激励方式。对此,可通过建立税式支出制度对慈善税收优惠进行规范。

一、慈善事业对社会公平的促进作用

(一) 慈善事业促进社会公平

税收优惠是以违背税收公平原则与量能课税原则来实现特殊价值追求的租税特权,其存在的正当性源于其所追求的价值目标。慈善税收优惠法律制度通过给予慈善法律关系主体税收优惠来促进慈善事业的发展。因此,分析慈善税收优惠法律制度存在的合法性与正当性需要对其所追求的促进慈善事业发展所能实现的价值目标进行论证。如前文所述,区别于古代的施恩慈善观与近代的工具型慈善理念,现代慈善事业以保障人的生存权与发展权为目标,以促进公民间的权利共享与风险共担为主要内容。从现代慈善事业的发展目标与主要内容来看,其主要作用是通过对慈善资源的有效分配促进社会公平。当然这也是慈善税收优惠法律制度所意欲实现的价值追求。由此税收立法需对税收公平课税所追求的秩序性价值与慈善税收优惠的社会公平促进价值目标进行衡量,以证实慈善税收优惠存在的正当性。

税收立法中存在的这种秩序性价值追求与公平价值追求的矛盾,实质是法的价值冲突的表现。法的价值是一个多元、多维度和多层次结构的体系,其中包含了各种不同的价值观念和价值准则(周灵方,2011)。法的价值冲突既是人们对观念和准则的不同认识导致的,也是不同群体之间利益追求差异化的外在反映。因此,要论证慈善税收优惠法律制度的正当性就应当证实其所能实现的利益大于秩序稳定所能带来的利益。对于法的利益的评价标准,博登海默指出,"必须通过颁布一些评价各种利益的重要性和提供调整这种利益冲突标准的一般性规则方能实现。如果没有某些具有规范性质的一般性标准,那么有组织的社会就会在做……决定时因把握不住标准而出差错"。① 对于这个一般性标准的确立,周灵方认为其应当符合普遍性原则。因此,周灵方(2011)提出,以法的正义价值作为评价各种利益等级序列的标准,因为它可以实现对法的各种价值的统领和超越,并最大限度地保证法的诸价值合理实现。正义价值作为法的基本价值,博登海默认为,"任何值得被称之为法律制度的制度,必须关注某些超越特定社会结构和经济结构相对性的基本价值。在这些价值中,较为重要的有自由、安全、和平等。"② 也就是说,自由、安全、平等作为正义价值的内容在法的价值序列中比法的其他价值有更高的地位。慈善税收优惠法律制度以促进社会公平为价值追求,该公平价值目标具体表现为对人的生存权和发展权的保障。而生存权与发展权是自由价值理念和平等价值理念的应有之义。所以,慈善税收优惠法律制度的价值追求符合法的正义要求,其作为税法制度中的内容具有正当性。

(二) 慈善事业具有促进社会和谐与多元文化的功能

从价值追求符合正义要求的视角论证慈善税收优惠法律制度存在的正当性所遵循的是"法内之理"。其实,慈善税收优惠法律制度的存在有其现实意义,因为其所促进的慈善事业具有促进社会和谐与多元文化的功能。慈善是捐赠者基于内心的道德情感或者责任感对他人伸出援助之手,其本质是建立在道德基础上对财富进行的分配,该分配以促进社会公平为原则。根据国家统计局的统计数据,2020 年中国的人均 GDP 已经达到

---

①② 博登海默. 法理学、法律哲学与法律方法 [Z]. 邓正来译. 北京:中国政法大学出版社,1999:400.

72000元人民币。生产力发展到这一阶段，社会发展中的许多矛盾也会凸显出来，特别是贫富差距问题。由贫富分化所产生的两阶层之间的利益差异和感情对立是造成其他社会矛盾的重要原因。慈善恰是富裕阶层帮助弱势群体解决困难的重要方式，体现了乐善好施的文明形象，并且能缓解贫富阶层的感情对立，部分解决社会矛盾。与市场经济遵循以效率分配为原则不同，慈善资源的分配更注重公平原则，充分体现了对弱势群体的人文关怀。慈善所彰显的这种人文精神有利于培养公民的社会责任意识，促进不同利益群体间的良性互动，以此构建社会的和谐状态。另外，现代慈善区别于传统慈善的一个重要标志就是慈善的范围突破了救贫、救助，向更广泛的公益范围延伸，而且还包括了慈善对各类社会团体、学术机构、研究机构的资助，丰富了社会组织形态。此外，过去几十年我国以发展经济为主导目标，在追求效率以"大多数人的利益"为主的政策决策下，少部分人的利益被牺牲。慈善可替代政府补偿少部分人所受到的不公对待。对于诸多政府无力干预的符合道德标准的社会问题，通过慈善支持多样化意见的存在能解决这些社会矛盾。

（三）现代慈善赋予受益人以慈善权利

从《慈善法》立法宗旨"为发展慈善事业，促进社会进步，共享发展成果"的价值取向来看，《慈善法》在积极倡导和践行社会主义核心价值观、弘扬中华民族传统美德的同时，从理念和文化上培育公民的慈善意识和慈善自觉，是实现慈善事业可持续发展的理性基础。将慈善作为一种可持续发展的事业进行经营，将改变过去慈善的偶发性、被动性，慈善受益人被赋予应有的获得慈善支持的权利。因为，存在于现代社会中的慈善事业追求人的平等与自由权利，尊重人的生存权与发展权，促进公民之间的机会与权利共享，风险与义务共担。传统施恩济贫的慈善活动潜在地固化了贫富社会等级和差距，从而造成深层次的道德危机。为了避免出现这样的道德危机，现代社会中救济穷人的活动必须经由一种转化，这种转化使得赠予人与受赠人之间的施惠与受惠的关系转变为每个社会个体获得救济的权利（蔡琳，2016）。在此，慈善作为一种提升公益，提高生活质量的途径[①]，已经脱离过去由慈善捐赠人、慈善组织单方决定慈善行为与活动的模式，提升了受益人在慈善关系中的地位。受益人有权获得慈善帮助、有权选择如何获取慈善救助、有选择获得什么样的慈善支持的权利，受益人的人格尊严得以保护。现代慈善在给予受益人物质帮助的同时能够关注其心理与精神需求，是一种更适合促进社会和谐的慈善方式。因此，需要来自包括政府在内的社会力量的支持与鼓励。

二、慈善税收优惠的社会效应分析

慈善税收优惠法律制度的价值目标证实了其存在的必要性，但这种必要性不能以放弃税法的其他价值追求为代价，否则会减损该税收优惠的效益。因为法的价值冲突平衡理论告诉我们，过于追求单一价值目标会带来新的社会问题。例如，慈善税收优惠制度的立法如不考虑与慈善组织有相同性质的其他企业的税收利益，对慈善组织不用于慈善目的的经营性所得免税，则会打击其他企业的积极性。因为该制度使经营性企业处于不公平的市场竞争中。因此慈善税收优惠立法的内容应当恰当，不能制度性地破坏正常的市场秩序。

慈善税收优惠法律制度也应兼顾税法追求的秩序性价值。因为法的秩序性价值要求制度的统一、确定、稳定，从而维护其调整的社会关系的正常运行。社会的正常、高效运行使效率得以保障。只顾公平而不顾效率的法律制度容易走上平均主义，挫伤人的积极性。因此，慈善税收优惠立法应选择那些更具有调节收入分配功能的税种。

目前我国税收优惠制度存在总量失控、支出随意等现象，实践与比例

[①] 佩顿·穆迪. 慈善的意义与使命 [M]. 郭烁译. 北京：中国劳动社会保障出版社，2013：112 – 118.

原则的基本要求相去甚远，理想的方案是以税式支出制度作为规制税收优惠的工具（叶金育，顾德瑞，2013）。慈善税收优惠是以减少国家财政收入为代价的一种税收优惠制度，为保障其符合比例原则[①]，防止总量失控、支出随意的后果，也应当通过建立税式支出制度[②]进行规范。对此，我国明确建立慈善税收优惠税式支出制度的目标，剔除不符合慈善激励目的的优惠制度，并以满足慈善需求为出发点对税收优惠制度结构进行优化；建立慈善税收优惠税式支出预算控制的范围与重点，增强慈善税种选择的针对性和对慈善税收优惠领域进行总体把握；建立慈善税式支出成本的估计制度，从总体上把握我国慈善税收优惠的规模，为我国慈善事业发展提供方向性指导；建立慈善税式支出绩效的评价，通过定性和定量分析方法对慈善税式支出是否有价值以及有什么价值进行评价。

第二节　学理支持：税收优惠促进慈善事业发展的经济学解释

如果说现代慈善事业具有促进社会公平、和谐与多元文化功能、弥补市场和政府在公共领域失灵、培养公民责任意识及尊重受益者人格尊严权的作用是鼓励其发展的应有之义，那么为何要以税收优惠的方式来发展现代慈善事业以及如何通过税收优惠激励慈善事业发展成为我们接下来需要考虑的问题。在众多政策中，税收优惠之所以成为国家首选的促进慈善事业发展的方式，是因为其他政策对激活民间慈善活力具有负效应。其他对慈善事业发展的财政支出政策会对社会捐赠和慈善组织的筹款支出产生挤出效应，压制民间慈善互助的热情。

---

① 姜明安. 行政法与行政诉讼法 [M]. 北京：北京大学出版社，2011：74.
② 陈爱东，魏小文. 公共财政学 [M]. 四川：四川大学出版社，2011：170.

一、税收优惠对慈善事业促进的功能分析

捐赠者的慈善捐赠、政府的政策和慈善组织处理公共事务的能力,是拉动慈善事业发展的"三驾马车",而其中捐赠者的慈善捐赠是慈善事业发展的经济基础,政府的政策是慈善事业发展的制度保障,在三者之中处于核心地位,慈善组织处理公共事务的能力是慈善事业发展的组织基础。政府的政策之所以成为慈善事业发展核心,源于政策价值取向能够影响捐赠人的慈善捐赠行为和慈善组织获取慈善资源的能力。政府活动影响私人慈善捐赠的方式有两种:一是政府提供公共产品方面的开支可能导致私人慈善捐款的挤出;二是税收激励可以促进私人进行慈善捐赠(Timm Bönke et al.,2013)。政府提供公共产品支出的方式包括政府补助和社会福利支出。政府补助提供公共产品的方式是指政府通过对慈善组织进行补助,由其代替政府提供部分公共产品。由于政府对慈善组织的补助使慈善组织更像准公共机构,因此捐赠者不愿对其进行捐赠(Brooks,2002);税收收入是政府补助慈善组织的主要来源,政府以税收收入的方式对慈善组织进行补助意味着捐赠主体整体的收入下降,从而导致捐赠减少(Brooks,2002);政府补助会使得捐赠者对于慈善组织财务的控制能力降低,从而减少捐赠(Timm Bönke et al.,2013)。总的来看,政府对慈善组织的补助政策会对慈善捐赠产生挤出效应。另外,安德烈奥尼和佩恩(Andreoni & Payne,2011)提出,挤出效应实际上包含两部分:一是政府补助对于个人捐赠者的影响;二是政府对于慈善组织筹款行为的影响。他们通过对美国 8000 个慈善组织的面板数据进行分析,分别对挤出效应的两个部分进行了估计,其结果显示,整体的挤出效应达到 70% 左右,但是其中 70%以上都是源于慈善组织降低筹款支出的影响(杨方方,2014)。相比于政府补贴,社会福利支出是一种更为直接的政府提供公共产品的方式。只是学者们认为该种方式不仅成本高昂并且会使福利接受者过多依赖政府,从而压抑公民互助文化和影响现代社会的形成,因此并不赞同以社会福利方

式提供公共产品。① 斯蒂格里茨也认为，政府提供公共物品赖以所需的财政是有限的，政府的存在和对社会公共事务实行管辖都需要庞大的财政支持，公共物品如全都依赖政府提供则政府财政必然不堪重负。② 布鲁克斯（Brooks，2002）运用美国消费者支出调查数据，估计了政府社会福利支出对于慈善捐赠的影响，其结果显示政府社会福利支出每增加10%，慈善捐赠降低1.4%。

可见，政府以非税收优惠政策方式提供公共产品会对慈善捐赠以及慈善组织筹款产生挤出效应，从而不利于慈善事业的发展。政府之所以通过税收优惠的方式促进慈善事业发展，源于其能激励慈善捐赠和弥补慈善组织在资本结构上的限制所造成的缺憾。就税收优惠激励慈善捐赠而言，从一般的"利益交换理论"出发，一方面，在"经济人假设"的前提下西方经济学者提出了公共物品理论，该理论认为捐赠者可从捐赠行为获得效用，该效用源于慈善组织提供的公共物品；另一方面，税收优惠通过改变捐赠价格和捐赠者收入对慈善捐赠行为产生影响，也就是说捐赠者能从捐赠行为本身获得某种效用，例如，良好的社会声誉、获得税收抵扣、税率优惠等。另外，从"经济人"非自利假设出发，行为经济学家提出了社会偏好理论（陈叶烽，2009）。社会偏好理论关于慈善的核心观点认为，人们不只关心自身的物质收益，也关心他人的利益，社会偏好是其效用函数的重要组成部分。具体而言，社会偏好可以细分为四种偏好，即利他偏好、互惠偏好、效率偏好以及公平偏好。

对慈善组织给予税收优惠，一方面，源于在其无法从政府获得直接补贴的情况下，必须通过提升公共事务能力获得社会的认可从而获得捐赠者的捐赠，这种税收优惠是指获得税前扣除资格方面；另一方面，对慈善组织所得的免税优惠是出于对其资本结构缺憾的弥补。因为慈善性组织的行为受到严格规制，不能像一般市场主体那样可以通过经营行为获取资

---

① 转引自杨方方. 慈善经济学研究进展 [J]. 经济学动态，2014（6）：124 – 137.
② 斯蒂格里茨. 经济学 [M]. 北京：中国人民大学出版社，2001：503 – 505.

源,导致慈善性组织资本获取能力受到限制,赋予慈善性组织免税资格能够平衡营利性组织与非营利性组织间在资本汲取能力上的不公。汉斯曼从经济学的角度提出自己的资本构造理论。他认为,对免税最正当的解释是对非营利组织在资本结构上所受限制的补偿。这种补偿有助于一个有益的目的——非营利组织比营利组织提供了更好的服务。[①]

二、税收优惠激励慈善捐赠的经济效应

税收优惠促进慈善事业发展主要是通过激励慈善捐赠来完成的。但不同税收优惠政策对慈善捐赠所产生的效用是不同的。国内外学者对税收优惠激励慈善捐赠的经济因素进行了分析。王浩林(2012)分别从税收优惠激励个人捐赠和企业捐赠两方面出发来分析税收优惠各要素变化对慈善捐赠产生的影响。他指出,税收优惠各要素变化对个人捐赠会产生以下影响:(1)加倍扣除政策比一般扣除政策对个人捐赠的激励效用更大;(2)在实行个人累进税率前提下,税收扣除政策比税收抵免政策具有更好的激励效用;(3)改变税率会对捐赠价格产生影响,提高个人所得税税率将减少个人所得,从而减少其可用于捐赠的财产;(4)税前扣除政策对激励个人捐赠行为起到直接作用;(5)设定扣除下限政策,由于规定只有达到一定捐赠数额才能享受税收优惠,因此,设定扣除下限的情况下个人捐赠会随着税率、净收入的变化而变化。在税收优惠政策对企业捐赠的影响方面,王浩林(2012)利用利润最大化模型和效用最大化模型对企业捐赠行为进行分析,认为当企业管理者有捐赠偏好时,提高企业所得税税率能够促使公司增加捐赠。相比于利润最大化模型下税收捐赠激励的短期效应,效用最大化模型下税收激励对企业捐赠具有长期效应(王浩林,2012)。张晓丽、蔡秀云、王佳赫(2015)认为以国际平均水平衡量,我国税收价格弹

[①] Henry Hansmann. The rationale for exempting nonprofit organizations from income taxation [J]. Yale Law Journal, 1981 (91): 54

性偏低，而造成该结果的原因在于税收优惠方式及鼓励捐赠的形式呈现单一化。国外学者对以何种税收优惠方式激励慈善捐赠研究得比较深入，他们主要研究了税收减免与政府匹配两种方式下对慈善捐赠的激励效应。埃克尔和格罗斯曼（Eckel & Grossman，2003）使用实验法对181位研究生进行了模拟实验，得到的结果是政府匹配方式下总捐赠数额是退税方式下的1.2~2倍。

第三节 社会条件：慈善事业的规模化发展

现代慈善事业的慈善理念、活动范围显示了其所承载的社会功能已经远远超出民政部门的职能范围。促进现代慈善事业发展从慈善活动内容和促进措施来看需要民政、环境保护、财政、税务等部门的通力合作。税收优惠是现代慈善事业发展的重要措施，而现代慈善事业的规模化发展也为税收优惠促进慈善事业发展提供了必要条件。因为慈善组织可替代征税机关识别慈善捐赠的真实性、对不同的捐赠形式进行价值确认等，使慈善税收优惠得以具体落实。

一、《慈善法》的实施为慈善事业规模化发展提供制度保障

2016年十二届全国人大四次会议通过的《慈善法》是我国慈善领域的基础性、综合性法律，其颁布实施对发展我国慈善事业具有划时代的意义，意味着我国慈善事业迈向新的阶段。《慈善法》对慈善事业体制机制的创新与慈善促进措施的规定为我国现代慈善事业的规模化发展提供了制度保障。

从《慈善法》对慈善事业管理体制的规定来看，其以法律的形式将政府职能明晰化、规范化和制度化，有助于形成预期和路径依赖，减少慈善领域的投机行为（张奇林，2016）。《慈善法》对政府职责的规定从内容

上看，主要包括资格准入的登记审批、慈善信息发布管理、慈善促进、慈善活动监管等。政府在慈善事业发展中所具有的这些职责能促使慈善组织规范化和慈善市场规模化发展，而慈善事业的规范化和规模化发展能使政府采取的促进措施得以更好落实。特别是慈善税收优惠法律制度作为激励慈善事业发展的重要措施，其具体实施需要具有公信力、高效率、规范化运作的慈善组织的支持。《慈善法》通过规定政府的职责来规范慈善组织有序运行，这有利于慈善税收优惠法律制度的实施。

从《慈善法》对制度创新的内容来看，其能够激活社会进行慈善捐赠的热情，为慈善事业规模化发展提供物质基础。首先，《慈善法》对慈善信托制度进行改革，降低其设立要求，畅通了社会资源进入慈善领域的通道。其次，《慈善法》规定慈善税收优惠制度作为促进措施激励民间慈善捐赠，改善了过去公办慈善方式下以行政摊派方式募捐引发民众对慈善捐赠的反感，将捐赠的决定权留给捐赠者，以此激发慈善捐赠者的热情。

二、大量专业化慈善组织的出现

传统慈善的施恩观所主张的是通过捐赠彰显封建等级序列的优越性，因此该慈善的表达更多是捐赠者和受益者这种面对面的直接捐赠方式。近代工具型慈善观将慈善事业作为政府社会保障的一种补充。因此，慈善活动的具体实施者更多的是政府或者具有官方背景的慈善机构。与传统等级恩赐慈善观和近代社会保障型慈善观不同，现代慈善建立在公民之间的平等权利之上。现代慈善通过慈善组织隔离捐赠者和受益者，该慈善方式超越了传统施舍恩赐的狭隘思想，使接受捐赠的受益者将受恩之心转变为对整个社会的感激之情，这对促进社会的和谐、稳定有益，从而也培养了公民的公共意识和社会责任意识。因此，作为沟通捐赠者和受益者的中间主体，慈善组织发展对现代慈善事业具有重要意义。

现代慈善是一种有计划的、科学性的公益活动。这种科学性与计划性是以公益组织的存在为前提的。具体体现为大量具有公信力、以现代企业模式运作、管理科学的慈善组织的存在（史竞艳，2012）。效率和公信力是慈善组织赖以存在的根基。近几年来，国内少数走在前沿的慈善组织，例如中国扶贫基金会、中国红十字基金会、上海市慈善基金会、浙江省慈善总会和大连市慈善总会等，也开始积极引进市场理念，尝试把市场估计值和慈善组织的公益性有机结合起来。从实际效果来看，这些慈善组织在能力建设、品牌塑造和自治性方面均取得了明显进步，从而检验了市场化的效果（罗文恩，周延风，2010）。市场化、效率化、具有社会公信力的慈善组织，作为促进慈善事业发展、扩大慈善规模、高效管理和运作慈善资源的中间主体，能发挥"杠杆"效果撬动慈善资源，使其发挥更大的社会公益效果。慈善组织不仅对于发展现代慈善事业具有不可替代的作用，也使税收优惠激励慈善捐赠成为可能。

慈善捐赠是慈善事业存续与发展的根基。而税收优惠制度是该根基得以稳定并茁壮成长的养分。慈善捐赠是一项复杂的社会事业，以税收优惠的形式鼓励捐赠也不是单依靠税务机关就能开展实施的。首先，捐赠事务复杂多变，捐赠的形式包括现金、有形物品、有价证券、无形资产、志愿者服务等。一方面，需要对非现金形式的捐赠的价值进行评估，而税务机关是没有该功能的；另一方面，慈善捐赠的规模大、形式多样化、捐赠方式也不同，如由税务机关——进行识别并以此为基础对捐赠行为给予优惠，那将无限量增加税务机关的工作量，同时，税务机关也不具有开展该工作的职能。其次，税务机关在给慈善捐赠以税收优惠的同时，也潜在地负担了监督的职能。由税务机关识别和监督慈善捐赠行为，这在实践中是税务机关无法完成的任务。且不说税务机关没有这么庞大的人力资源，关键在于其已经超越了税务机关的职能范围。因此，单依靠税务机关无法完成激励慈善捐赠目的，由慈善组织或其他部门通过合作分担对捐赠形式的价值认定的任务成为税收优惠促进慈善事业发展的一个必要前提。

第四节 慈善事业发展目标：慈善税制优化的基础

一、慈善事业高质量发展对慈善税制优化的要求

（一）慈善事业高质量发展的目标

2014年，国务院印发《关于促进慈善事业健康发展的指导意见》（以下简称《指导意见》），它是第一个以中央政府名义出台的指导、规范和促进慈善事业发展的文件，既体现了党中央和国务院对慈善事业发展的重视，也是对慈善事业发展提出的要求。《指导意见》从慈善法制体系的完善、体制机制的协调、慈善募捐行为规范、慈善资源分配和使用的合理与透明、慈善捐赠自觉性与志愿性提升等方面提出了未来慈善事业发展的目标。这些有关慈善事业体制机制、制度完善方面的要求是促进我国慈善事业高质量发展的基础，也是慈善事业高质量发展状态的体现。依据《中华人民共和国国民经济和社会发展第十四个五年规划和2035年远景目标纲要》的规划，一方面要促进慈善事业发展，完善财税等激励政策，另一方面要支持和发展社会工作服务机构和志愿服务组织，壮大志愿者队伍，搭建更多志愿服务平台，健全志愿服务体系，积极引导社会力量参与基层治理。依据《指导意见》和"十四五"规划的内容，我国慈善事业构成了社会保障体系中的一部分，民间慈善事业被纳入国家治理，特别是基层治理体系中，体现了"治理、吸纳慈善"的特色。同时将慈善事业融入国家治理当中，对慈善事业高速发展、规范发展和高质量发展起到了很好的促进作用。自2014年以来，我国以企业为主的科技慈善和商业慈善规模逐渐扩大，科技提升信息传播速度也促使慈善的觉醒。可见，我国慈善事业高质量发展兼具国家治理层面引领、科技支撑和商业模式创新特色。作为

国家治理层面的慈善事业，更强调志愿者服务的慈善形式，通过志愿者服务满足基层治理需求；在网络科技支撑下，慈善募捐活动的传播速度得以提升、传播范围更广，能得到更大范围的社会力量支持，同时慈善资源分配和使用的合理性和透明性会被更多的社会群体关注；在商业当中融入慈善理念，对企业社会责任感的提升和增强企业影响力是有所助益的，但商业经营的逐利性与慈善公益性之间有天然的矛盾，如何规范商业性慈善是实现慈善事业高质量发展的任务。综上所述，我国慈善事业高质量发展是一种大范围、广覆盖、全领域、形式多样的规范性、透明性和可持续的慈善事业发展方式。

（二）中国慈善事业发展目标对慈善税制的要求

作为国家治理组成部分的慈善事业是一种可持续的、符合现代化要求的公共事业。慈善事业的可持续发展，一方面需要通过有效的激励措施激发慈善自觉，逐步扩大慈善对潜在捐赠主体的影响力，另一方面，还需要通过建立体制机制对慈善活动进行规范。兼备激励性与规范性的制度是慈善事业高质量发展的制度基础。慈善税制被认为是能够有效激励慈善捐赠的制度。而作为促进慈善事业高质量、可持续发展的慈善税制除了激励捐赠自觉性外，还需要对慈善组织通过自身活动获取的慈善资源涉及的税收问题进行有别于营利性组织的处理。高质量的慈善事业是一种具有包容性的慈善，融入了科技、商业元素的慈善事业也需要作为激励措施的慈善税制具有开放性。慈善税制的开放性体现在对捐赠形式多样性的接纳，体现在对融合了慈善募捐行为的商业活动的认可，体现在对捐赠主体获取税收优惠的高效程序。税收制度具有资源配置的功能，慈善税制作为慈善资源配置的制度，在高质量发展要求背景下应当具有使有限的慈善资源得到高效利用的功能。这就要求慈善税制对慈善捐赠、使用去向具有一定的引导性。及时发现慈善需求是慈善事业高质量发展的应有之意。在强大的现代化税收征管方式下，政府各部门的信息汇集到税务部门，一方面可以发现慈善需求，另一方面亦可以作为对慈善需求信息真实性的检验，对规范慈善事业发展具有重要作用。因此，在高质量的慈善事业发展目标下，慈善税制具有激励和规范作用，慈善税制呈现开放性、体系性、整体性、协调性。慈善税制的开放性与体系性是包容性慈善事业发展的需求。慈善税制的整体性与协调性意味着在慈善税制内部应依据慈善事业发展需求优化和调节慈善税制的结构和内容，满足捐赠形式、捐赠主体和慈善受益主体的需求。

二、慈善税制改革的目标与路径

《慈善法》发展现代慈善事业的理念为我国慈善税收优惠法律制度的完善指明了方向。这是我国慈善税收优惠法律制度完善的重要前提。而我国的财税体制改革与税制结构调整为我国慈善税收优惠法律制度的完善提供了契机。自2013年党的十八届三中全会以来，财税体制改革和税制结构调整成为促进国家治理体系和治理能力现代化的重要内容。2013年的《中共中央关于全面深化改革若干重大问题的决定》是落实党的十八大提出的全面深化改革开放战略任务的具体体现，该文件明确提出了要"逐步提高直接税比重"，并将该税制结构调整作为完善我国税收制度的内容。据此可以确定的是，未来我国税制结构是以直接税中的所得税和商品税中的增值税为主体税种。目前我国慈善税收优惠制度结构是以直接税为主特别是慈善所得税为主的模式。但我国直接税收入占整体税收收入比重小，这从整体上降低了慈善税收优惠对慈善事业的助推作用。此次税制结构调整对直接税比重的提升虽能扩大慈善主体享受慈善税收优惠的范围，但缺乏对一直以来作为主体税种的商品税的支持。此次税改一方面仍然无法满足现代慈善事业独立发展模式下对慈善资源的需求；另一方面会导致慈善事业领域税收优惠制度结构与我国主体的税制结构之间存在不一致，而这种不一致会使税收优惠激励慈善事业发展的功效大打折扣。因此，我国应借财税体制改革和税制结构调整的机会，完善慈善税收优惠法律制度，使其形成与我国主体税制结构相一致的慈善税收优惠法律制度体系。

党的十八届三中全会明确规定,要落实"税收法定"原则。据此,全国人大法工委明确提出要将15个税收条例上升为法律。税收法定原则的要求不仅限于将形式上的税收条例上升为法律,更多的是各税种规范符合法律的基本要求,包括稳定性、确定性、普遍性等一般性特征。最主要的是每一税收法律规范性文件具有独立的作为法所追求的价值目标和理念。慈善税收优惠制度也受其影响,具体表现为:一是特殊慈善税收优惠政策偏多、有效时间短、内容多变与不稳定;二是这些政策性规范效力层级低,大量以规范与行政规则的形式存在;三是慈善税收优惠决策过程简单化与单方性,缺乏客观性论证。工具化的慈善税收优惠政策导致其内容与技术缺陷,造成运行的困难。税收法定原则的实施将有助于我国建立符合法律规范的慈善税收优惠法律制度。

无论是作为社会保障的补充,还是作为第三次分配促进资源公平分配的机制,抑或是优化社会治理,都是在促进慈善事业发展的正当性。激励慈善事业发展的正当性很多,慈善事业在社会发展过程中承担的功能在不同时期差异性也比较大。这给作为慈善事业激励机制的税收优惠制度的设计带来挑战。结合前一章对慈善事业与慈善税制之间关系的论证,以及本章对慈善法治背景下的慈善税制诉求和后疫情背景下慈善捐赠情况的分析,虽然慈善事业具有诸多功能应当受到税收政策的支持,但受赠人需求是慈善事业发展的最大动因,所以从慈善需求角度出发,完善慈善税制体系是符合慈善事业发展规律的。以受赠人对慈善需求为标准可将慈善税制体系划分为两个部分,一是作为有计划的、组织性和大规模性质的慈善事业发展所需的慈善税制,二是作为一种逆规模性、满足小众需求和非规模性的慈善税制。前一种慈善税制设计是为满足突发公共事件需求而进行的慈善税制立法,后一种是慈善事业常态性发展背景下的慈善税制设计。突发公共事件的慈善税制是以及时满足公共需求为主,因此可以突破常态性慈善税制立法内容;常态性慈善税制设计是为实现慈善事业可持续发展、高质量发展为目的,所以慈善税制内容更完整、更具包容性和开放性,以应对科技慈善、商业慈善带来的变化。就两种类型慈善税制之间的关系而言，前一种慈善税制类型可作为常态性慈善税制立法的试验，以此完善常态性慈善税制。

本章小结

　　慈善事业具有弥补公共事业不足、促进社会资源公平分配、丰富多元文化和缓解社会矛盾的作用。因此，实现高质量发展是我国慈善事业发展的目标。促进慈善事业发展和激励慈善捐赠的方式很多，有财政补贴、转移支付、税收优惠等财税方式，还有政府给予的金融优惠政策。在众多激励措施中，《慈善法》将税收优惠作为最主要的激励方式，这是因为相比其他激励措施，税收具有促进社会资源公平分配的功能，税收的中性特征又不会对正常的市场秩序产生干扰，且众多经济学者证实，税收优惠确实对慈善捐赠起着有效的激励作用。作为一种干预慈善发展的措施，政府采取慈善税制这种方式既能够促进慈善事业发展又不会干扰市场。对慈善捐赠和慈善组织给予税收优惠是慈善事业发展重要的激励机制。但作为激励机制的慈善税制并非单依靠自身就能够起到促进慈善事业高质量发展的目标，还需要影响慈善事业发展的其他要素与慈善税制的相互作用才能有效激发慈善税制这种激励机制的有效性。在影响慈善事业发展的因素中，慈善组织和慈善捐赠行为是重要的作用因素，也是激发慈善税制作为激励机制发挥促进慈善事业发展有效性的前提。慈善组织的规范化、规模化发展为慈善税制有效实施提供了必要前提，是慈善税制得以实施的重要媒介，是推动慈善事业发展的重要基础。慈善捐赠形式和方式的多样性对慈善税制完善及有效性提出要求，慈善税制的激励性主要体现在对慈善捐赠的激励性上，与丰富多样的慈善捐赠形式和方式相匹配才能有效发挥激励效果。总之，慈善税制只有作用于影响慈善事业发展的因素才能触发激励效果，实现对慈善事业的促进作用。

　　高质量慈善事业发展既是对规模化、组织性、计划性慈善需求的满足,也需要对小众性、灵活性、个体性慈善需求进行关照。高质量慈善事业内容更广泛,慈善组织的形式和捐赠形式更丰富,慈善事业发展的影响因素更多。慈善税制作用于慈善事业发展因素并推动慈善事业发展的激励性难以保障。慈善事业高质量发展要求慈善税制具备更强的包容性、公平性和稳定性。产生于公办慈善背景下的现行慈善税制在协调性、体系性、结构合理性等方面难以满足高质量慈善事业发展的需求,亟须进行改革。

第四章

中国慈善税制的现状、不足及原因分析

慈善事业高质量发展需要慈善税收优惠制度的支持。但目前我国慈善税收优惠制度是否具有促进高质量慈善事业发展的功能，需对慈善税收优惠的现状有所了解。现行税制体系是在20世纪90年代分税制财政体制改革后建立起来的，距今近30年，构建与市场经济发展规律相匹配的税收制度是此次税制体制改革的主要目标，慈善税制虽然也是税制体系的构成部分，但存在诸多不足。在20世纪90年代初期，我国慈善事业发展处于起步阶段，慈善事业发展规模小、独立性不足与政府职能之间的定位不清，慈善事业发展目标和路径尚待明确，慈善税制发挥激励作用的先天性条件不足。慈善税收优惠制度并不能起到促进现代慈善事业发展的作用。

第一节　我国慈善税制的现状

税制结构、税种选择、税率确定和税收征管是影响税收调节收入分配功能的主要因素。要了解我国慈善税收优惠制度调节慈善资源收入分配的功效就应从慈善税收优惠的制度结构、优惠的税种类别、优惠税率的设计及慈善税收优惠执行情况等方面着手。本节选取了当前主要的一些慈善税收优惠文件，作为分析慈善税制作用于慈善事业发展的样本。

一、慈善税制的结构

税制结构是税收制度中各税种的组合方式与税种相对地位的一种体现。慈善税收优惠的税制结构是有关慈善税收优惠各税种的组合方式和各税种相对地位的表现。

（一）慈善税种的类型

目前，我国慈善税制涉及的税种类型包括所得税、流转税、财产税、资源税和行为税，这五大类税种基本涵盖了我国当下开征的税种。从慈善税收优惠的内容来看，目前包括两方面：一是对主体的优惠，二是对行为的优惠。这两类慈善税收优惠的内容在所得税法方面的规定具体体现为对慈善组织所得给予免税优惠和对捐赠主体的捐赠行为给予的税收优惠。就慈善组织所得免税而言，我国现行的《中华人民共和国企业所得税法》（以下简称《企业所得税法》）、《中华人民共和国企业所得税法实施条例》（以下简称《企业所得税法实施条例》）和相关的税收政策对免税条件及范围做了明确规定。《企业所得税法》第二十六条、《企业所得税法实施条例》第八十四条、第八十五条等规定了非营利组织应符合的条件及能获得免税的收入范围。《关于非营利组织企业所得税免税收入问题的通知》将非营利组织免税收入具体化为受赠所得、政府补助、会费和银行存款利息收入等。就捐赠主体的捐赠行为能获得的税收优惠而言，企业捐赠主体享有在年度利润总额12%比例内扣除与捐赠同等价值的数额，个人捐赠主体可按应纳税所得额的30%扣除捐赠额。但获得该税收优惠有一定的条件，即必须采取间接捐赠的方式。纳税人直接向受益人的捐赠，不能享受该税收优惠。

商品税是以货物、劳务为征税对象的一类税，包括增值税、消费税、进口关税及进口环节增值税等。目前我国增值税、消费税方面的立法既没有对慈善组织进行的货物流转和劳务提供行为给予税收优惠，也没有对企业、个体经营者捐赠货物、提供免费劳务等行为享受税收优惠进行规定。除在几次大的灾后重建时，临时性税收优惠政策规定进行货物、劳务捐赠的单位或者个体经营者能免征增值税、城市维护建设税及教育费附加外，平时进行货物、劳务捐赠的单位和个体经营者需要按同等产品的销售价格确定销售额缴纳增值税。另外，依据《营业税改征增值税试点实施办法》《营业税改征增值税试点有关事项的规定》，无偿提供服务、转让无形资产或者不动产给公益事业或者社会公众的不征收增值税。关于实施《慈善捐赠物资免征进口税收暂行办法》对境外捐赠人无偿向受赠人捐赠的直接用于慈善事业的物资，免征进口关税和进口环节增值税。

财产税是以纳税人拥有或支配的某些财产为征税对象的一类税，包括房产税、土地税、契税、车船税等。行为税是政府为实现一定目的而对某些行为所征的税，主要包括城镇土地使用税、印花税等。就慈善组织能享受的税收优惠而言，依据现行规定，经国务院授权的政府部门批准设立或登记备案、并由国家拨付行政事业费的各类社会团体自用的房产（办公用房、公务用房），免征房产税；政府部门和企事业单位、社会团体以及个人等社会力量投资兴办的福利性、非营利性的老年服务机构，国家拨付事业经费和企业办的各类学校、托儿所、幼儿园，以及疾病控制机构和妇幼保健机构等卫生机构自用的土地，免征城镇土地使用税；另外，还有免征车船税、契税、增值税等方面的规范（栗燕杰，2016）。就捐赠行为所能享受的税收优惠而言，依据《中华人民共和国土地增值税暂行条例》和《中华人民共和国土地增值税暂行条例实施细则》规定，"以赠与方式无偿转让房地产"不征收土地增值税；《中华人民共和国印花税暂行条例》规定，"财产所有人将财产赠给政府、社会福利单位、学校所立的书据"免征印花税。

（二）各税种在慈善税制中的地位

各税种在慈善税收优惠税制结构中的相对地位可通过现行立法的规定

确定。目前，国内对慈善税收优惠进行了明确规定的只有所得税。"营改增"之后部分增值税应税服务、无形资产和不动产的捐赠能免于征税，境外捐赠物资也不会被征收进口关税和进口环节增值税，但是，相对于增值税广泛的征税对象而言，现行规定范围过窄。同时，目前境内接受来自境外的慈善物资本来就不多，对境外物资免征的进口税实际意义不大。在资源税、财产税和行为税中，只有土地增值税和印花税两个税种的立法对纳税人的慈善捐赠免税作出了明确的规定，但内容不够具体。在其他税种的立法中几乎没有关于慈善捐赠获得税收优惠的规定。这说明资源税类、财产税类和行为税类关于慈善捐赠税收优惠的规定不完整，存在一定的漏洞（史正保，2009）。曾有人分析，捐赠人捐赠一套市价400万元的房产给慈善组织用于慈善目的，从捐赠到变现的各方所有税费相加，已逾百万之巨。①

综上所述，目前我国慈善税收优惠制度呈现出以所得税为主的特征，这与我国现在总体税制结构是不同的（见图4-1）。虽然我国是以商品税为主的税制结构，但在慈善事业领域并没有发挥其应有的功能。其他的财产税、行为税等也缺乏给予慈善捐赠主体以税收优惠的常规性立法规定。

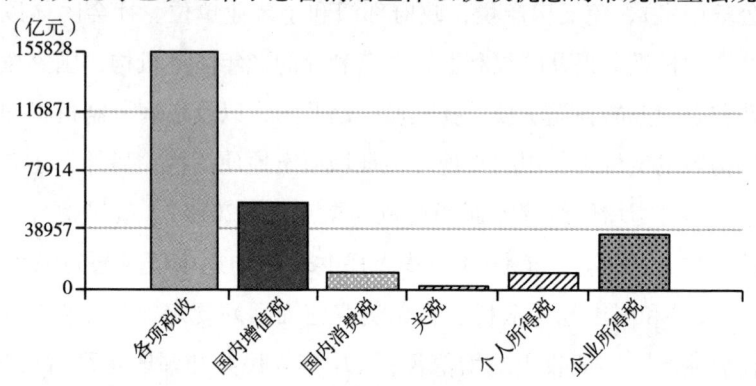

图 4-1 2020 年我国各项税收收入情况

资料来源：国家统计局，https://data.stats.gov.cn/easyquery.htm?cn=C01&zb=A080401&sj=2020。

---

① 王海燕. 捐赠身后房产，阻力如何破 [N]. 解放日报，2013-10-29 (13).

二、慈善税收优惠涉及的税种

每一税种都有相应的课税机理与功效,不同税种与慈善事业发展之间的契合度是不同的。因此不同税种对现代慈善事业的发展所起的作用各异,只有有效发挥不同税种的慈善功效,税收优惠制度才能最大限度实现其促进慈善事业发展的作用。

在三大类税收中,商品税一般不具有收入调节功能,所得税和财产税调节收入分配的效果较好,其中所得税调节财产流量分配,财产税调节财产存量分配,二者相互配合,矫正所得及财富分配的不公平(施正文,2011)。增值税是典型的商品税,具有消除重复征税、保持税收中性和普遍征税、税源广泛的特征。加上我国财政支出对税收的刚性需求,商品税的主要功能是组织国家财政收入。因此,我国现行《中华人民共和国增值税暂行条例》(以下简称《增值税暂行条例》)及其实施细则中鲜有关于为促进民间慈善事业发展而确立税收优惠的内容,只是在《增值税暂行条例》第十五条规定"直接用于科学研究、科学试验和教学的进口仪器、设备"免征增值税。所得税是以纳税人的净所得为征税对象的一种税,采取比例和累进税率,以量能课税为原则,在税制体系中最能保障税收公平原则的实现。现行慈善所得税收优惠制度的内容在《企业所得税法》及其实施条例、《中华人民共和国个人所得税法》(以下简称《个人所得税法》)及其实施条例中都有规定。这些内容包括对慈善组织的免税,而对捐赠主体的所得税优惠是通过给予部分慈善组织以税前扣除资格来具体实施。另外,《个人所得税法》及其实施条例规定:对国家发放的救济金,免征个人所得税;残疾、孤老人员和烈属的所得,以及其他财政部门批准的所得,其个人所得税也可减免征收。对慈善组织的免税规范减轻了慈善组织的税费负担,捐赠税前扣除制度(特别是对部分公益事业领域进行捐赠能获得税前全额扣除)激发了社会捐赠意愿,对受益人的税收优惠体现了对受益人生存权利的尊重。①

如前文所述,在资源税、行为税、财产税这三类十多个税种中,只有土地增值税和印花税明确对捐赠行为给予税收优惠。虽然房产税、车船税、车辆购置税等税种对受赠的慈善组织规定了税收减免优惠,但缺乏能够激励进行该类捐赠获得税收优惠的规定,这使进行固定资产捐赠形式的捐赠人无法获得税收优惠,因此现实中进行不动产、准不动产捐赠的形式非常少。个人所得税对收入差距的调节作用较为明显,但对存量财富的分配不均则难以调节,特别是对因继承、受赠等方式所获得的存量财富更是力不能及。财产税以财富存量作为计税依据,使其弥补了个人所得税无法对资产存量课税的空缺,从而具有较强的调节贫富差距的功能(郝琳琳,2010)。但目前我国财产税更注重对流转环节征税,忽视了更能调节财富分化的保有环节的税收。因此慈善财产税收优惠在促进我国慈善事业发展中还有更大的改善空间。财产税可在财富保有环节规定慈善捐赠税收优惠制度,以激励捐赠者以存量财产进行捐赠,提高社会资源的利用效率。

三、慈善税收优惠的税率形式

税率历来是税制设计中最为核心的因素,是计算税额的依据和标准。科学合理地设计税率是税收负担在政策上能否真正公平、高效、合理分配的关键,其直接决定了不同税种功能能否得以发挥。而慈善税收优惠税率依据税种的不同特征进行设置会发挥促进慈善事业发展的不同功效。我国现行慈善税收优惠的税率在不同税种中的规定也各不相同。

我国慈善税收优惠的税率类型主要包括两类。第一类是部分慈善组织可享受的免征所得税优惠。但获得该免税资格的慈善组织,其从事的非营

---

① 栗燕杰. 我国慈善税收优惠制度的问题与出路 [M]//岳经纶,朱亚鹏. 中国公共政策评论(第9卷). 上海格致出版社,2015:102.

利事业范围主要以政府扶持的行业为主。例如，1994年的《关于企业所得税若干优惠政策的通知》提出，为农业生产的产前、产中、产后服务的行业，以及农民专业技术协会、专业合作社对其提供的技术服务或劳务所取得的收入暂免征所得税。2000年的《财政部 国家税务总局关于对老年服务机构有关税收政策问题的通知》指出，对政府部门和企事业单位、社会团体以及个人等社会力量投资兴办的福利性、非营利性的老年服务机构，暂免征收企业所得税，以及老年服务机构自用房产、土地、车船的房产税、城镇土地使用税、车船税。2001年的《财政部 国家税务总局关于完善城镇社会保障体系试点中有关所得税政策问题的通知》指出，部分经济效益好的企业为职工建立的补充养老保险，缴纳额在工资总额4%以内的部分，以及企业为职工建立的补充医疗保险，提取额在工资总额4%以内的部分，准予在缴纳企业所得税前全额扣除。第二类是捐赠者获得的税收优惠，可按比例扣除或者依据特殊行业、活动需求从应纳税所得额中全额扣除，或者获得商品税的免税优惠。按比例扣除的税收优惠主要在所得税法中规定，如《企业所得税法》第九条规定："企业发生的公益性捐赠支出，在年度利润总额12%以内的部分，准予在计算应纳税所得额时扣除"。又如《个人所得税法实施条例》第十九条规定：个人所得税法第六条第三款所称个人将其所得对教育、扶贫、济困等公益慈善事业进行捐赠，是指个人将其所得通过中国境内的公益性社会组织、国家机关向教育、扶贫、济困等公益慈善事业的捐赠；所称应纳税所得额，是指计算扣除捐赠额之前的应纳税所得额。《个人所得税法》第六条中规定：个人将其所得对教育、扶贫、济困等公益慈善事业进行捐赠，捐赠额未超过纳税人申报的应纳税所得额百分之三十的部分，可以从其应纳税所得额中扣除；国务院规定对公益慈善事业捐赠实行全额税前扣除的，从其规定。而选择免税方式进行优惠的大都在商品税中予以规定，依据《营业税改征增值税试点实施办法》《营业税改征增值税试点有关事项的规定》，无偿提供服务、转让无形资产或者不动产给公益事业或者社会公众的不征收增值税。关于实施《慈善捐赠物资免征进口税收暂行办法》对境外捐赠人无偿向受赠人捐赠的直接用于慈善事业的物资,免征进口关税和进口环节增值税。部分通过具有官方背景的慈善组织的捐赠采用税前全额扣除方式,对企业、事业单位、社会团体和个人等社会力量,向中华健康快车基金会、孙冶方经济科学基金会、中华慈善总会、中国法律援助基金会和中华见义勇为基金会的捐赠,准予在缴纳企业所得税和个人所得税前全额扣除。①对企业、事业单位、社会团体和个人等社会力量,通过宋庆龄基金会、中国福利会、中国残疾人福利基金会、中国扶贫基金会、中国煤矿尘肺病治疗基金会、中华环境保护基金会用于公益救济性的捐赠,准予在缴纳企业所得税和个人所得税前全额扣除。②对企业、事业单位、社会团体和个人等社会力量,通过中国老龄事业发展基金会、中国华文教育基金会、中国绿化基金会、中国妇女发展基金会、中国关心下一代健康体育基金会、中国生物多样性保护基金会、中国儿童少年基金会和中国光彩事业基金会用于公益救济性捐赠,准予在缴纳企业所得税和个人所得税前全额扣除。③

现有的慈善税收优惠税率无论对慈善组织还是对捐赠者而言,形式都比较单一。即,慈善组织获得的税收优惠以免征所得税为主,捐赠者进行慈善捐赠能够获得税收优惠的形式以税前按照一定比例扣除为主。

四、我国台湾地区慈善税收优惠制度④

(一)对慈善性组织的税收优惠规定

台湾地区对慈善组织能获得优惠的税收规定比较全面,在不同的税收

---

① 资料来自2003年的《财政部 国家税务总局关于向中华健康快车基金会等5家单位的捐赠所得税税前扣除问题的通知》。
② 资料来自2004年的《财政部 国家税务总局关于向宋庆龄基金会等6家单位捐赠所得税政策问题的通知》。
③ 资料来自2006年的《财政部 国家税务总局关于中国老龄事业发展基金会等8家单位捐赠所得税政策问题的通知》。
④ 陈智明,郭永济,李伯钧.两岸非营利组织租税问题之研究——经营管理面分析[J].华人经济研究,2014(1):131-152.

政策文件中进行了明确规定。本书对台湾地区对慈善性组织的税收优惠规定进行了简单归纳。

（1）私立学校：主要的税收优惠是所得税的征免和加值型营业税的征免。

（2）医疗法人：可分为医疗财团法人和医疗社团法人，主要的税收优惠是所得税的征免。

（3）政治团体：主要的税收优惠是捐赠者获得税前扣除和所得税的征免。

（4）宗教团体：主要的税收优惠是所得税的征免和土地税的征免。

（5）祭祀公业团体：主要的税收优惠是所得税的征免、加值型营业税的征免、地价税的征免、土地税的征免、遗产税与赠与税的征免、房屋税与契税的征免。

（二）对非营利事业组织的税收优惠规定

台湾地区对非营利事业组织的税收优惠政策的范围如下：

（1）所得税规定营利事业所得税能享受税收优惠政策的范围。

（2）加值型及非加值型营业税也对营利事业组织能享受的慈善性税收优惠政策进行了规定。

（3）关税当中有关慈善性税收优惠的规定。

（4）货物税对物品捐赠获得税收优惠进行了规定。

台湾非营利事业组织能享受的其他税收中的税收优惠政策的范围，有关土地税的规定其主要内容分述如下：第一，地价税中规定了非营利组织享受的减免规则；第二，土地增值税对非营利组织自身和接受捐赠的土地享受税收优惠进行了规定；第三，房屋税规定了非营利组织非营利行为享受税收优惠政策；第四，契税规定了非营利组织可以享受免征的税收优惠；第五，印花税规定了免征的优惠；第六，使用牌照税规定了对非营利组织使用车船税免征的优惠。

第二节 我国慈善税制的不足

合理的税制结构是实现税收功能的重要基础,同时也是构建一国税制体系的目标思想。慈善税收优惠法律制度以促进我国慈善事业高质量发展为主要目标,但目前我国慈善税收优惠法律制度结构不合理,这会影响我国建立合理的慈善税收优惠法律制度体系,并且妨碍以慈善税收优惠方式促进高质量慈善事业目标的实现。另外,我国慈善税收优惠法律制度的建立未遵循统一、明确的基本原则,导致慈善组织与捐赠人要想获得实际税收优惠存在适用法律不确定性的风险。

一、国内慈善税制研究的现状

目前我国慈善税收优惠制度的研究已经取得一定的成就,并且研究的内容也非常精细化,这为本书的研究奠定了基础。目前的研究成果从享受税收优惠的主体上看主要分为两大类:非营利组织[1]享受的税收优惠和捐赠主体享受的税收优惠。

---

[1] 《慈善法》出台前我国并没有正式的法律文件对慈善及慈善组织的定义作出规定,普遍使用公益性社会团体、公益性非营利事业单位等称谓。在税法领域,《企业所得税法》及有关规定概括称其为"非营利组织",并对获得免税资格的非营利组织的条件重新作出规定。也就是说,在我国立法对慈善组织进行界定前,对公益类组织的规定存在两条线路:一是非税法领域,二是税法领域。税法之外的称谓种类非常多,在《公益事业捐赠法》《基金会管理条例》《社会团体登记管理条例》《民办非企业单位登记管理暂行条例》(现在已经更改为《社会服务机构登记管理条例》)等文件中都有规定。《慈善法》将慈善组织定义为"以面向社会开展慈善活动为宗旨的非营利性组织"。并且在设立条件、认定要求等方面也有统一性规定。本书认为,将来税收领域对慈善组织免税资格的赋予应与《慈善法》的规定保持一致,不能在慈善与税收两领域分割为慈善组织与非营利组织。本书对慈善组织与非营利组织的称谓上有所区分,在论述税收优惠方面主要还是称为"非营利组织",介绍《慈善法》情况时称为"慈善组织"。

(一) 非营利组织税收优惠制度的研究现状分析

就非营利组织从事慈善事业享受的税收优惠制度来看,目前的研究分别从法学、经济学、管理学、社会学的视角展开,内容涉及非营利组织免税资格及税前扣除资格获取的法理基础、非营利组织类型及免税制度完善、非营利组织管理运营、非营利组织与政府关系等。我国对非营利组织免税法理基础的论证大都以介绍别国特别是美国学者的研究内容为主,国内学者对非营利组织免税理论的研究非常薄弱。刘蓉和游振宇(2010)认为对非营利组织给予税收优惠的法理基础是其具有"非营利性、公益性、利他性"三方面特征。非营利组织的非营利性决定了其不应作为课税对象;公益性是指非营利组织的公益性活动提供了本应由政府提供的公共产品,减轻了政府负担,所以非营利组织应当获得税收优惠;利他性是指非营利组织对慈善事业的促进所创造的公共价值还包括志愿精神和多元化,因此应获得税收优惠。但此观点对非营利组织应当获得税收优惠的论证并不充分。特别是在对利他性的分析上,创造公共价值的还包括互益组织,体现志愿精神的也不只是非营利组织,有些营利性企业行为也能体现志愿精神为何不能享受免税优惠。安体富和王海勇认为,非营利组织具有以下社会功能:一是弥补政府社会发展资金的不足;二是创造就业机会;三是缩小贫富差距,维护社会公平。[①] 他们从"法外之理"论证了非营利组织获得税收优惠的正当性。关于非营利组织类型及其所得免税的研究,金锦萍博士认为对非营利组织进行分类甄别是税收优惠制度完善的前提。[②] 对此国内学者提出了对非营利组织甄别的要件及对其具体类型进行区分化研究。依据现行民间组织管理体制,我国非营利组织的类型分为基金会、社会团体、社会服务机构。但王名(2014)认为,可从不同的视角再对这些

[①] 安体富,王海勇. 非营利组织税收制度:国际比较与改革取向 [J]. 地方财政研究,2005 (12):4-10.

[②] 金锦萍. 对非营利组织进行分类甄别是税收优惠制度的前提 [J]. 中国社会组织,2014 (15):12-13.

非营利组织进行划分。按照组织的公益性可将其分类为纯公益性组织、具有部分公益性质的共益组织或带有部分经营性质的互益组织；从慈善资源的来源来看，可分为由财政补助的公立组织、部分政府财政补贴和吸收民间慈善资源的合作型非营利组织以及靠民间资本支持的民办非营利组织；依据各类非营利组织募集慈善资源的方式，可以分为公募组织和非公募组织；按照慈善活动的领域，可以将不同慈善组织依据其行为性质分为环保型组织、人权维护型慈善组织、扶贫性质的慈善组织和妇女权益保护组织；等等。从不同视角对非营利组织进行划分可多角度认识各类非营利组织的性质。这有利于我国制定恰当的非营利组织税收减免优惠具体制度，对税务机关执行非营利组织税收减免的税收征管工作带来便利。

有关非营利组织税收减免的研究，国内学者的研究成果已经汗牛充栋。针对我国非营利组织享受的税收优惠政策，汪昊、樊天勤指出，目前我国对非营利组织没有明确的界定，现实中存在大量实质上属于非营利组织，但却不能执行非营利组织免税政策的情况，同时对什么是符合条件的非营利组织收入也存在争议。[①] 对此，陈风、张万洪建议，非营利组织应当在《民法典》或税法通则等效力层级高的法律中进行明确规定，并在税法中对非营利组织的概念、基本特征、基本类型、法律地位以及与营利组织的区分标准作出规定，以使真正的免税组织享受税收优惠。[②] 针对非营利组织获得免税资格困难的问题，许捷认为，我国非营利组织税收优惠需按公益性和互益性、大型和中小型非营利组织的类别给予区分性税收优惠待遇。[③] 良好的社会声誉和效率是非营利组织存续的必要条件，因此国内学者对非营利组织的管理运行进行了详细的研究。张立荣、姜庆志经调研发现，近年来非营利组织的扩张性发展、市场化变革和官僚化倾向引发了专业不足、责任缺失与服务低效等问题，严重削弱了公众对该类组织的信任，使

---

① 汪昊，樊天勤. 中美非营利组织税收政策比较研究 [J]. 税务研究, 2016 (2): 117 - 120.
② 陈风，张万洪. 非营利组织税法规制论纲——观念更新与制度设计 [J]. 武汉大学学报 (哲学社会科学版), 2009 (5): 609 - 613.
③ 许捷. 我国非营利组织税收制度分析与建议 [J]. 税务研究, 2007 (6): 24 - 27.

其陷入"志愿失灵"的困厄之境。① 对此,李小玲从"提升我国非营利组织公信力研究"的视角提出应该完善我国非营利组织立法体系,就目前我国非营利组织立法分散的现状提出对不同性质非营利组织进行统一立法,明确其法律地位、管理体制和规范其运行机制等内容。② 非营利组织是慈善事业发展的核心主体,但一国非营利组织与政府间关系会影响其获得的税收优惠。我国现行的非营利组织税制还保留着较强的计划经济特征,按经济成分和公办民办标准制定不同的税收优惠政策。非营利组织所得税是否免税的划分依据是视其收入是否纳入财政预算管理和财政预算外资金专户管理而定。③ 对非营利组织税收优惠制度违背税收公平原则的规定,国家税务总局政策法规司课题组建议,"废除特定接受捐赠组织的特许制度。建议扩大享受捐赠优惠政策的非营利组织范围,改'特许制'为'审核制'。凡是符合条件的非营利组织,通过申请都可享受接受捐赠税收优惠政策,同时对接受捐赠的非营利组织要进行年检,不符合条件的应当及时取消资格。"④

(二) 捐赠主体享受的税收优惠政策的研究

就捐赠主体享受的税收优惠而言,我国对捐赠主体进行慈善捐赠获得的税收优惠,主要研究内容包括:捐赠形式、捐赠途径对享受税收优惠的影响及结转扣除制度等。对捐赠形式研究的内容涉及非货币捐赠能否作为合法的捐赠形式及其享受的税收优惠制度,与此相关的捐赠价值评估制度成为捐赠税收优惠制度研究的重要内容。徐秋梅认为,依据投入产出成本理论,进行非货币性捐赠的形式能为捐赠者本身和社会带来更大收益。⑤

---

① 张立荣,姜庆志.组织工程视角下的非营利组织信任危机治理进路探究 [J].中国行政管理,2013 (9):104 – 108.
② 李小玲.提升我国非营利组织公信力研究 [D].开封:河南大学,2001.
③ 许捷.我国非营利组织税收制度分析与建议 [J].税务研究,2007 (6):24 – 37.
④ 国家税务总局政策法规司课题组.非营利组织税收制度研究 [J].税务研究,2004 (12):2 – 10.
⑤ 徐秋梅.企业非货币性资产公益捐赠税前扣除的法律分析 [D].上海:上海交通大学,2013.

但也有人认为实物捐赠的成本更高,因为在实物捐赠没有得到税收立法认可的情况下将被征收增值税等。从防范捐赠者转移利润的角度来看,对实物捐赠形式课税有其必要性。但岳树民教授表示,对于一些特定直接急需的实物捐赠,则应根据实际情况考虑免征增值税和所得税。[①] 与非货币性捐赠相关的价值评估成为慈善捐赠税收优惠制度的重要配套规则,《关于公益性捐赠税前扣除有关问题的通知》已经规定捐赠资产的价值,按以下原则确认:(1)接受的货币性资产,应当按照实际收到的金额计算;(2)接受捐赠的非货币性资产,应当以其公允价值计算。但该规定过于原则化。刘勇认为,对非货币性资产价值的计量方法主要包括历史成本计量、重置成本计量、可变现成本计量、现值计量和公允价值计量,不同性质的非货币性资产应使用不同的价值评估办法;依据慈善捐赠是否通过慈善组织,可将慈善捐赠的类型分为,向慈善组织进行的间接捐赠和向受益人直接进行的捐赠。[②] 周超从影响慈善捐赠方式的因素出发,认为影响慈善捐赠途径的主要因素是企业慈善理念、慈善项目的特性与需要、企业高层管理者的意见等。[③] 而依据《慈善法》规定,无论直接捐赠还是间接捐赠都能享受税收优惠,只是在获得的条件上存在差异。目前国内研究对不同捐赠途径享受税收优惠条件的研究还未开始。对于大额捐赠是否能够享受结转扣除的优惠,目前我国《慈善法》和《企业所得税法》已经将企业进行慈善捐赠获得结转扣除年限规定为三年,但目前缺乏对个人、其他组织进行慈善捐赠的结转扣除规定。

(三) 台湾慈善税收优惠制度

由于台湾与大陆在税收结构、税收类型等方面存在差别,故其慈善税收优惠制度的内容也有所不同。台湾慈善税收优惠制度的具体内容包括对

---

① 转引自卢慧菲. 实物捐赠:税收成本比较高 [N]. 中国税务报, 2006 – 08 – 18 (006).
② 刘勇.《企业所得税法》中关于企业公益性非货币资产捐赠税前扣除规定研究 [D]. 兰州: 兰州大学, 2011.
③ 周超. 企业慈善捐赠方式研究 [D]. 上海: 同济大学, 2008.

以慈善、公益为目的的非营利组织的税收优惠和对捐赠者的税收优惠制度。

首先，非营利组织慈善税收优惠制度散见于对所得税、关税、娱乐税、房屋税、地价税、加值型及非加值型营业税、印花税和使用牌照税等作出的规定中。[①] 台湾地区关于所得税的施行细则中对公益、慈善类机构的所得都给予免税优惠。值得注意的是，该规定并没有对所得的类型范围进行界定，即公益慈善类团体所能获得的免税优惠不仅限于受赠所得，更包括其他类型的所得。这体现在其规定对公益、慈善类机构的附属作业组织之所得给予免税优惠。此外，所得税的施行细则对符合条件的公益信托的受赠所得及其他收入也给予免所得税的优惠。台湾地区关于关税的实施细则充分体现了其支持公益事业发展与民间慈善救济的宗旨。关税免征对象包括行政机构和公益慈善团体进口、受赠的各类物资。在促进公益事业发展方面，研究机构无论属性如何，其进口的用于教育、研究的各类物品均可获得免税的优惠。虽然开展娱乐活动并不是公益、慈善机构的主业，该所得也并不是慈善团体经营相关业务所得，但台湾地区对公益、慈善机构通过举办娱乐活动获取支持慈善事业发展的慈善资源的行为给予免征娱乐税的优惠。在台湾，无论是公有性质还是私有性质的房屋，只要其以支持公益、慈善事业发展为目的，都可获得免征房屋税的优惠。台湾地区对公益事业用地获得免征地价税的规则进行了详细的规定。就公有土地获得免地价税的规定而言，公立的医院、学术机构、公私立学校用地可直接免税。就私有土地而言，财团法人或财团法人所兴办业经立案的私立学校用地以及为学生实习农、林、渔、牧、工、矿等所用的生产用地和员生宿舍用地，经登记为财团法人所有的，土地税全免；经事业主管机关核准设立的私立医院、捐血机构、社会救济慈善及其他为促进公众利益，不以营利为目的，且不以同业、同乡、同学、宗亲成员或其他特定之人等为主要受

---

① 陈智明，郭永济，李伯钧. 两岸非营利组织租税问题之研究——经营管理面分析［J］. 华人经济研究，2014（1）：131-152.

益对象的事业,其本身事业用地,土地税免。在台湾地区,营业税是具有中性原则的税种,依据税收中性原则,此类税种的征收规则应不影响或扭曲市场经济正常发展的内容。但台湾地区的营业税相关规定除规定各类慈善、公益类机构和团体实施的文化劳务或者进行标售、义卖货物是免征营业税外;还对公益信托一视同仁,其进行的义卖、义演、标售货物的收入均免征营业税。此外,台湾的印花税和使用牌照税的相关规定都对慈善事业发展给予相应的税收优惠。

其次,台湾地区的税收也对捐赠者进行的慈善捐赠活动给予税收优惠,包括所得税、土地增值税、遗产及增与税等。在台湾,不同捐赠主体可依据其捐赠对象获得不同程度的税收优惠。例如,个人对慈善机构或团体进行捐赠的,可按最高不超过综合所得总额20%的部分扣除;营利事业对慈善机构、团体的捐赠可获得不超过所得额10%的扣除额;对个人和营利事业主体捐赠设立公益信托的,该捐赠财产也适用前两条规定。又如,台湾对以不动产进行慈善捐赠的主体给予免征土地增值税的优惠;遗赠行为的捐赠总额被免于计入遗产总额当中,故不被征收遗产税。

另外,影响捐赠的重要议题是实物捐赠的扣除问题。实物捐赠扣除在税收优惠政策制定时需要考虑两方面。一方面从促进税收公平视角对捐赠实物的扣除额应相当于其现金价值,使其与现金捐赠的扣除无差别;另一方面需防止捐赠人借由实物捐赠的高估价逃避税收的情形。台湾地区对实物捐赠金额的认定恪守以财产的公平价值为准。台湾的实物捐赠估价方法有两种,即当局认定和市场估价。

二、我国慈善税制不足的具体体现

从我国慈善税制的现状以及国内学者对慈善税制的前期研究来看,虽然当前我国对慈善组织、慈善捐赠方面的税收优惠的研究已经取得一定成果,但之前的研究内容着重于单个的具体制度,并不能形成体系。这导致我国慈善税收优惠制度在现阶段仍处在散乱的状态,无法满足发展高质量慈善事业的要求。另外，慈善事业的高质量发展需要高质量的慈善税制体系推动。高质量的慈善税制的构建应当转变目前存在于慈善税收优惠制度中的法律工具主义思想。工具型慈善观念向现代社会责任型慈善观念的转变奠定了我国慈善事业以人的生存权、发展权为主要内容的发展目标。同时也决定了我国慈善税收优惠法律制度应符合公平性、秩序性、普遍性等法律规范的价值目标。受工具主义思想的影响，我国当前慈善税收优惠制度更多是一种社会保障与经济政策体系的补充。因此，具体的慈善税收优惠更多以政策的形式出现，导致其整体结构不严谨、体系紊乱、制度之间相互矛盾，在具体运行上也很困难。本书以高质量慈善税制体系构建的目标为依据，以税收法定主义为基本准则，以结构均衡与利益平衡为原则对现行慈善税收优惠制度进行评价。

（一）慈善税收优惠的内部结构不合理

税收理论告诉我们，不同税种作为政策工具在收入分配和结构调整中的作用是以其收入规模为基础的，某一税种获取收入的数量在很大程度上决定了其作为政策工具的力度和效果。[①] 而我国自分税制体制改革以来，商品税收入一直占我国总税收收入的绝大部分，所得税收入比重偏低。这种以商品税为主的税制结构体系与慈善税收优惠领域以所得税为主的制度体系之间存在衔接失当的问题。这首先归因于我国对税制结构的定位主要以组织国家财政收入为主要目的。因此，商品税以其中立性、课征对象的普遍性与征管的便利性成为国家组织财政收入、调节经济的重要政策工具。在商品税中设置优惠税率不免会破坏其中立性，以至于影响市场的公平竞争机制和减少国家税收收入。但不可否认的是，现行税制结构并不能有效推动我国高质量慈善事业发展。一方面，商品税收入挤占了大部分税源，加上其具有的转嫁税负特质，使企业或者个人的净所得减少，能用于捐赠的财富也有所减少。另一方面，所得税收入占总税收收入低，目前我

---

① 施正文. 分配正义与个人所得税法改革 [J]. 中国法学, 2011 (5): 32-43.

国慈善税收优惠又过多倚重所得税。因此，在所得税收入规模无法扩大之前，所得税所产生的促进慈善事业发展的慈善效应有限。而财产税和其他税种占总税收入的比重偏低，税种功能结构不合理（伦玉君，2014）。在此情况下，完善我国慈善税收优惠制度须从现行税制结构体系入手。

目前我国税制主要由所得税、商品税与财产税构成，而从各类税种的特征与功能来看，其能否以税收优惠的形式、以何种税收优惠方式促进慈善事业发展是我国慈善税收优惠制度建立之前需要明确的问题。所得税尤其是综合所得税能较为准确地反映收入主体的纳税能力，加上适用的累进税率，使所得税成为天然的财富调节的稳定器。在调节财富再次分配，缩小贫富差距上具有功能优势。所得税拥有的这些特征也使其成为符合促进慈善事业发展要求的主要税种。一是所得税以纳税主体净所得为课税对象，采取税收优惠的形式能使纳税人直接感受到税负减免。这有利于激励纳税主体进行积极的慈善捐赠。二是所得税以纳税主体已经实现的净所得为纳税对象，以此进行捐赠更能体现纳税主体的慈善意愿。对捐赠者给予所得税优惠除能使其感到物质利益的减轻外，还能体现国家对"良善之心"的鼓励，以此营造整个社会向善之风气。

与所得税以纳税人净所得为课税对象不同，商品税是一种间接税，具有税负转嫁的特点。正因为如此，商品税尤其是以增值税为代表的商品税具有累退效应。收入越多的人其消费所承担的税负占其总收入比例越低。而收入越少的人进行消费与高收入者交同样的税，因此该税负所占低收入者总收入的比例也就越大。这种累退效应是基于保证增值税的中性，为不影响市场公平竞争，增值税率一般都采取比例税率的形式。无论商品类型、征税环节如何、经营主体的规模如何等都按统一税率征收。为降低增值税的累退效应，我国依据商品性质、经营主体规模设置了多档次税率，试图通过制度设计来平衡增值税对纳税人造成的不公待遇和降低这种累退效果。例如，《增值税暂行条例》规定，农药、农机等农业产业发展所需物品适用9%税率，小规模纳税人适用3%的征收率。由此看来，商品税也能通过税率设计达到调节收入分配的效果。而缓解增值税福利负效应的有效方法就是该税种增加对进行慈善捐赠的纳税人享受减免优惠规定。这也是对当下我国零星存在的慈善性商品税收优惠立法进行明确、系统性规定的一种契机。由此可实现政府兼顾商品税福利效应价值追求与发展公益事业的双重目标。

财产税针对存量财富征税，具有抑制投机的功能。纳税人如以财产进行捐赠可提高财产的使用效率，减少闲置财产的浪费。因此，设立慈善财产税优惠以激励财产捐赠可调动存量和闲置财产，促进慈善公益事业的发展。由此看来，财产税与我国慈善事业发展之间可从制度上的契合、功能上的互补与效率促进几方面达到有效利用资源促进公益发展的目的。

既然目前以慈善所得税收优惠为主的制度结构无法满足我国慈善事业发展所需，而商品税、财产税与慈善事业发展之间存在价值追求与功能上的契合。针对目前慈善商品税优惠制度立法不足以及慈善财产税优惠对捐赠人激励不足的现状，我国可考虑逐步建立商品税与所得税并重的双主体税制模式，并增加慈善财产税优惠立法作为补充。

（二）鼓励慈善捐赠的税种类别简单

对税目进行选择是税种类型划分的主要依据。慈善税收优惠的税种类别直接影响慈善捐赠资源的种类。虽然依据现行相关法律法规，慈善组织免于征收所得税、增值税、契税、房产税、进口关税、进口环节增值税、城镇土地使用税等诸多税种，但国内慈善捐赠的捐赠主体所享受的优惠税种在常规性立法中却仅限于所得税、土地增值税和印花税。相比于慈善组织能够享受诸多税种的优惠而言，真正为慈善事业作出贡献的捐赠者所能享有的优惠税种及所得到的优惠非常有限。这实际上是一种本末倒置的规定，因为捐赠者才是慈善资源真正的贡献者。慈善资源需求的多样性与目前优惠税种的简单化使捐赠者更多偏向于选择有税收优惠的资源进行捐赠。这一方面妨碍了慈善资源形成合理的类别配比，另外也降低了慈善组织整合利用慈善资源的效率。

（三）慈善税收优惠的税率类型简单

如前文所述，目前我国慈善税收优惠的税率以比例税为主。比例税率是一种从价计征的税率，对同一课税对象不论数额大小，都按同一比例征税，因此比例税率在面对课征对象时具有形式公平的特性，有利于促进公平竞争和资源的优化配置。但该税率也具有纵向不公平的缺点，不能体现量能课税原则。为避免比例税率纵向不公对市场公平的扭曲，以增值税为主的流转税，在"营改增"之后施行差别比例税率。除基本的11%的比例税率外，还有9%、6%三档特别税率以及向小规模纳税人征收3%的基本征收率。虽然复杂的税率结构不利于增值税自身的完善，容易破坏其税收中性特质，但由此也可以看出，增值税以其广泛的征税对象和作为税收规模最大的税种，设置优惠税率能有效实现其特殊调整的目的。这表明，在增值税立法中有除组织国家财政收入以外的目的，同时通过税率设计能够实现其他调整目的。

除比例税率外，房产税、耕地占用税、契税、土地增值税、城镇土地使用税等立法规定，在特定情况下赋予慈善组织免税的优惠。对慈善组织或者捐赠者的捐赠给予的免税优惠，相当于给予各税种设定的比例税率的减免。例如，免于被征税收的房产税率是1.2%、契税的比例税率是3%~5%。不同税种之间的利率差异会形成对不同慈善资源获得优惠的"歧视待遇"，更会在性质不同而功能和价值相同的慈善资源之间形成不公。

三、慈善税收优惠立法基本原则不明确

法的原则是指反映法律制度的根本性质，促进法律体系的协调统一，为其他法律要素提供指导，保障法律运作的动态平衡并证成其法治理念的基础性原理和价值准则。[①] 依据原则适用的范围，法的原则分为基本原则

---

① 朱景文. 法理学 [M]. 北京：中国人民大学出版社，2008：148.

和具体原则。由于基本原则体现了法的精神，是法的价值理念与制度设计、实际操作的纽带，并且作为法律体系的灵魂，基本原则决定了部门法律制度的基本性质、内容和价值取向。因此，没有明确的基本原则作为支撑的法律制度会由于价值理念不同导致内部制度间的矛盾与冲突，失去正当性；没有明确的基本原则作为指导，法律形式与制度设计也会失去规范性。慈善税收优惠法律制度在本质上是对慈善组织和捐赠主体赋予的一种租税特权，有违量能课税与公平税负的根本理念。其存在的正当性在于它所承载的对慈善事业促进的价值追求。但以税收优惠的方式实现慈善事业发展，弘扬慈善文化的价值目标时，不可避免地与税法的价值理念相冲突，甚至以牺牲一些税法价值追求为代价，造成不同主体间的慈善税收优惠利益失衡现象。现行慈善税收优惠规定存在的问题突出地表现为慈善税收优惠立法缺位与优惠总量失控。这是慈善税收优惠规定缺乏基本原则指导所造成的。虽然作为税法内容的组成部分，慈善税收优惠规定也应遵守税收法定、税收公平、税收效率等基本原则。但慈善税收优惠的规定与税收立法在价值目标上存在冲突。因此，慈善税收优惠规定所遵循的原则不仅限于税法的基本原则。下面以现行慈善税收优惠规定与税收基本原则的冲突为线索，分析在没有统一、明确的基本原则指导下现行慈善税收优惠规定存在的弊端。

（一）现行慈善税收优惠不符合税收法定原则

慈善税收优惠法律制度的设立需要兼顾以促进慈善事业发展为目的和符合税收法定的基本原则的要求。而我国现行慈善税收优惠制度呈现的救急性、模块化、分税种特性，无法实现发展"事业型"慈善[①]的目的，也违背了税收法定原则。税收优惠是指国家利用税收负担上的差别待遇，给予特定纳税人以税收利益，以期利用纳税人趋利避害的心理，直接或间接

---

① 能见善久. 现代信托法论［M］. 赵廉慧译. 北京：中国法制出版社，2011：301.

地影响纳税人在经济、社会领域的行动计划。[①] 正因为税收优惠具有影响纳税人行为选择的立竿见影的功效，所以过去我国在遇到自然灾害、事故灾害或公共卫生事件等突发事件时往往采用以短时有效的慈善税收优惠制度来应对，例如，《关于支持汶川地震灾后恢复重建有关税收政策问题的通知》《关于支持玉树地震灾后恢复重建有关税收政策问题的通知》《关于防治"非典"工作有关税收政策问题的通知》等。在实践中，这些短时间内有效的税收优惠制度确实能够减少遭受事故灾害的纳税人损失，并通过鼓励慈善捐赠使受害者获得一定的补偿。就这一点而言"救急型"慈善税收优惠规定有其存在的必要性，从而获得立法上的正当性。但这造成慈善促进与税收优惠之间的一种"刺激应急"反应，使税收优惠激励慈善捐赠成为解决一时困难的工具，无法建立起常规性的责任型慈善观，慈善行为成为偶发性、聚集性救助行为，同时也限制了慈善活动范围的扩大。这与《慈善法》追求的高质量慈善事业发展目标之间存在矛盾。因此，慈善税收优惠规定应以促进现代慈善事业发展为目的，与"应急型"税收优惠立法正当性之间形成一种"张力"。

另外，以部门规章形式存在的慈善税收优惠规定，无论是有关免税资格的规定还是所得免税的规定，实质上都是对课税要素的重塑，是影响税基的一种方式。依据《中华人民共和国立法法》，税基的确定应当制定法律。虽然税收优惠制度具有特殊性，依据《中华人民共和国税收征管法》要求，"税收的开征、停征以及减税、免税、退税、补税，依照法律的规定执行；法律授权国务院规定的，依照国务院制定的行政法规的规定执行。"因此，依据现行法律规定涉及税率减免的至少应当在行政法规层级作出规定而非部门规章。因此，以部门规章形式存在的慈善税收优惠规定在形式上有违税收法定原则。作为税法的基本原则，税收法定原则的内容包括课税要件法定原则、课税要件明确性原则和程序法的合法性原则。慈

[①] 钱俊文．关于税收优惠正当性的考辨［C］//财税法论丛（第7卷）．北京：法律出版社，2005：20．

善税收优惠部门规章违反了课税要件法定这一原则。违背税收法定原则会导致慈善税收优惠规定的内部矛盾，并影响其法制的统一。以《关于支持玉树地震灾后恢复重建有关税收政策问题的通知》规定"自 2010 年 4 月 14 日起，对企业、个人通过公益性社会团体、县级以上人民政府及其部门向受灾地区的捐赠，允许在当年企业所得税前和当年个人所得税前全额扣除"为例，该规定与《企业所得税法》中"企业发生的公益性捐赠支出，在年度利润总额 12% 以内的部分，准予在计算应纳税所得额时扣除"的规定和《个人所得税法》中"捐赠额未超过纳税义务人申报的应纳税所得额百分之三十的部分，可以从其应纳税所得额中扣除"的规定之间存在矛盾。这是慈善税制体系性和协调性不足的体现。在实践中，这会给作出捐赠的纳税人带来困惑，也会给税务部门的税收征管活动在法律适用上造成一定的困难，同时也给纳税人捐赠享受税收优惠带来法律风险。对税收法定原则的遵从除能保障慈善税收优惠法律制度内部协调统一外，还能实现该制度所追求的个人利益与公共利益的协调共赢。因为，税收法定原则的基本要义是纳税人同意，核心精神是纳税人权利保障，通过用民主力量和法律形式约束征税权，旨在实现私人财产权与国家财政权、个人利益与公共利益的协调共赢。[①]

（二）现行慈善税收优惠不符合税收公平原则

慈善税收优惠制度应具有规范慈善组织及其行为的功能和符合税收公平原则的要求。但目前我国慈善税收优惠具体规定无论对捐赠者还是慈善组织在优惠享有的内容上存在不公。慈善组织是现代慈善事业发展的核心主体，对其行为进行规范是现代慈善事业专业化、组织化、科学化发展的必然要求。慈善税收优惠在赋予慈善组织以免税资格和税前扣除资格的同时，通过设定资格获取的条件和程序能实现规范慈善组织发展的目的。但

[①] 刘剑文，耿颖. 税收法定原则的核心价值与定位探究 [J]. 郑州大学学报（哲学社会科学版），2016（1）：31–37.

前提是该慈善税收优惠法律制度符合税收公平原则。税收公平原则最早由亚当·斯密在其所著《国富论》一书中提出并加以系统阐述。通常认为它的基本含义是"指国家征税应使各个纳税人的税负与其负担能力相适应，并使纳税人之间的负担水平保持平衡"。[①] 虽然税收公平原则更侧重从税负课征的角度论述其给纳税人财产损失造成的影响。但税收公平从本质上来讲，就属于分配公平的范畴（王鸿貌，2005）。其完整的内容应当包括税收义务与税收权利的公平分配。税收优惠是纳税人享受的一项税收权利，也应当符合税收公平的原则，进而慈善税收优惠法律制度亦需符合税收公平原则。这是因为，不符合税收公平原则的慈善税收优惠规定会制度性造成慈善组织之间在慈善资源获取上的不公平待遇。例如，《关于中国医药卫生事业发展基金会捐赠所得税政策问题的通知》规定，"对企业、事业单位、社会团体和个人等社会力量，通过中国医药卫生事业发展基金会用于公益救济性捐赠，准予在缴纳企业所得税和个人所得税前全额扣除。"《关于中国教育发展基金会捐赠所得税政策问题的通知》规定，"对企业、事业单位、社会团体和个人等社会力量，通过中国教育发展基金会用于公益救济性捐赠，准予在缴纳企业所得税和个人所得税前全额扣除。"财政部和国家税务总局所颁布的这两个部门规章赋予中国医药卫生事业发展基金会、中国教育发展基金会特殊的税前扣除资格，使对其捐赠的主体能获得所得税前全额扣除的优惠。该税收优惠制度的存在无疑增强了这两个慈善组织的募捐能力。现行慈善税制以对基金会的优惠为主，以传统的款物捐赠形式作为主要的优惠对象。以慈善大省广东省为例，虽然基金会占社会组织的比例比社会服务机构、社会团体的比例要低，但在被认定为慈善组织的社会组织中，基金会的比例是最大的。由于慈善组织是获得免税资格的要件，所以占社会组织总量多的社会团体、社会服务机构获得免税资格的数量占比很少。这是由于获得免税资格的要件是围绕基金会这种

---

① 刘剑文，耿颖. 税收法定原则的核心价值与定位探究 [J]. 郑州大学学报（哲学社会科学版），2016（1）：31-37.

慈善组织的运营模式设置的，社会团体、社会服务机构主要是以提供志愿者服务为主的运营模式，不能满足现行慈善税制中获得免税资格的条件。这也导致了以志愿者服务方式供给的慈善活动无法通过社会团体、社会服务机构获得税收优惠。

另外，不符合税收公平原则的慈善税收优惠规定导致慈善组织之间享受的税收优惠不同，制度性造成慈善事业领域不同类型、不同性质慈善组织之间竞争机会的不平等。例如，境外捐赠物资用于慈善事业的税收优惠仅针对经国务院主管部门依法批准成立的社会团体，而不包括地方主管部门批准设立的同类主体。从事慈善活动的民办非企业单位，几乎未能享受到慈善组织的税收优惠。[①] 目前根据慈善组织所属性质而享受不同慈善税收优惠的规定已经严重扭曲慈善领域的正常竞争秩序。一方面，中央层级的慈善组织获得税收优惠的优势已经挤压地方慈善组织的生存空间，直接阻碍地方慈善事业的发展。这对形成多样化慈善模式，激活慈善事业发展动力产生不利影响。另一方面，相对于获得慈善税收优惠的慈善组织而言，无法获得慈善税收优惠的慈善组织是慈善利益的受损者。在这种慈善税收优惠分配不公的格局下，慈善利益受损者将面临两种选择。一是进行慈善组织的转型使其符合慈善税收优惠的条件。这样虽然达到了慈善税收优惠制度规范慈善组织发展的目的，但单一化慈善组织无法满足慈善需求多样化的要求。慈善组织的规范发展不应以妨碍慈善事业发展为代价。二是慈善组织保持其营业性，通过经营行为获得慈善资源实现其设立的目的。但目前我国税收制度对慈善组织经营行为及其所得并没有特殊待遇，而是视为一般的企业进行课税。这些慈善税收优惠利益的受损者出于对不公平制度的不满或采取不合法的方式逃避税收征管。

（三）现行慈善税收优惠不符合税收效率原则

慈善税收优惠制度应具有保护捐赠人合法权益和符合税收效率原则的

---

① 栗燕杰. 我国慈善税收优惠制度的问题与出路 [M] //岳经纶,朱亚鹏. 中国公共政策评论（第9卷）. 上海：格致出版社，2015：44-55.

要求。捐赠人是助力慈善事业发展的重要主体，其进行的捐赠是慈善资源的主要来源。因此，慈善税收优惠制度应当保障捐赠人的合法权益以促进慈善捐赠。捐赠人在目前慈善税收优惠规定中的权益主要体现为慈善抵扣，符合抵扣要件的捐赠才能获得实际上的优惠。这些抵扣要件包括：受赠人、捐赠形式、捐赠意图等满足慈善税收优惠的规定。为促进慈善抵扣的效率和提高捐赠积极性，我国慈善税收优惠制度应符合税收效率的原则以方便捐赠纳税人抵扣。税收效率有两层含义：第一层含义是指行政效率，即征税过程本身的效率，它要求税收在征收和缴纳过程中耗费成本最小；第二层含义是经济效率，它要求征税应有利于促进经济效率的提高，或者对经济效率的不利影响最小。① 捐赠人慈善抵扣主要是指纳税人税收缴纳效率，涉及的是行政效率问题。为提高捐赠纳税人慈善抵扣效率，在慈善税收优惠制度规定上应注意明确、便利和简化。

目前我国慈善税收优惠规定对慈善抵扣的规定并不符合提高税收效率的明确、便利和简化规则。以现行规定对合格的受赠人的界定为例，我国慈善组织类型多样化、称谓不统一，合格的受赠人范围狭窄，影响捐赠人的抵扣。就财政部、国家税务总局对合格受赠人的表述来看，据笔者不完全统计包括十几种。这种表述不明确给慈善组织获得税前扣除资格带来了麻烦。另外，就捐赠人抵扣的便利性而言，捐赠人必须通过具有税前扣除资格的慈善组织进行捐赠才能享受慈善抵扣。而慈善组织需要经过财政部门和税务部门的行政审批方可获得该资格。税前扣除资格的审批制度作为一种重要的筛选机制，对于肃清和整顿当前慈善组织内部乱象、法律规制不足的弊端具有保护和规范作用。将受赠人准入门槛适当限制固然重要，但更为关键的是，事中持续性的信息披露及完善的责任追究，才能更有利于避免基金会落入不法行为之地的窠臼（葛伟军，2014）。本书认为，此观点同样适用于其他类型的慈善组织，为促进慈善事业发展应谨慎使用资格认证制度，或者考虑采取其他替代性制度。就捐赠的形式而言，我国对

---

① 王国清，马骁，程谦. 财政学 [M]. 北京：高等教育出版社，2010：164.

主要的慈善捐赠主体企业的捐赠形式做了规定，范围比较窄。"企业可以用于对外捐赠的财产包括现金、库存商品和其他物资。企业生产经营需用的主要固定资产、持有的股权和债权、国家特准储备物资、国家财政拨款、受托代管财产、已设置担保物权的财产、权属关系不清的财产，或者变质、残损、过期报废的商品物资，不得用于对外捐赠。"[①] 对企业捐赠形式的限制意味着不在允许捐赠的形式范围内。该规定给企业的慈善捐赠带来不便，同时也对企业的捐赠积极性形成影响。

四、慈善税收优惠具体制度存在的不足

慈善税收优惠的制度结构从总体上反映了我国慈善事业发展促进措施的规模。慈善税收优惠税种在慈善法律关系不同主体中的分配会产生不同的慈善效应。慈善税收优惠税率更是直接事关慈善主体从事慈善事业所能取得的优惠幅度。但慈善税制结构、税种构成、优惠税率形式这三个方面并不能从细微处反映我国具体慈善税收优惠制度的不足。慈善税收优惠制度的具体内容，从享受优惠的主体来看，分为捐赠者享受的慈善税收优惠、慈善组织享受的税收优惠以及受益者享受的税收优惠；从优惠取得的要件看，包括实体性慈善税收优惠规定和程序性慈善税收优惠规定。下面以上述对慈善税收优惠具体制度的分类为基础，分析其存在的不足。

（一）慈善税收优惠税前扣除困难

虽然慈善税收优惠制度的实体规定是捐赠主体享受税收优惠的前提要件，但距离捐赠者实际获得税前扣除还需要诸多程序。目前，由于慈善税收优惠程序性规定的模糊、缺漏或者执行者之间理解偏差，致使捐赠者难以获得税收扣除。

捐赠者获得慈善税收优惠需要向具有税前扣除资格的慈善组织捐赠并

---

① 财政部关于加强企业对外捐赠财务管理的通知 [J]. 财务与会计，2003（6）：70-71.

取得能证明其捐赠行为的票据方能实际获得扣除。依据《关于公益性捐赠支出企业所得税税前结转扣除有关政策的通知》《关于公益性捐赠税前扣除资格有关问题的补充通知》《关于公益性捐赠税前扣除资格确认审批有关调整事项的通知》的规定，公益性社会团体，可按程序申请公益性捐赠税前扣除资格。财政、税务部门会同民政部门对公益性社会团体的捐赠税前扣除资格联合进行审核确认。但这些通知仍然无法明确民政、财政、税务等部门之间在税前扣除资格审核中的关系及审核权力的具体内容。同时也缺乏相应的协调机制，对被拒绝的慈善组织的异议权及救济程序规定不明，实际情况是公益性社会团体取得税前扣除资格很困难。另外，用以扣除的捐赠票据由于缺乏全国统一规定，异地申请扣除困难。并且单位、个人选择慈善组织进行捐赠后，所得税前抵扣手续复杂，流程不统一。

（二）慈善捐赠税收优惠制度尚不完善

高质量慈善事业既是一种有计划的、高效的、组织性的慈善，也是非规模化、常规性和分散性的慈善行为，两种不同类型的慈善是为满足不同的慈善需求。慈善捐赠税收优惠制度是慈善事业发展的重要支撑，高质量慈善事业发展需要逻辑严谨、体系完整的捐赠优惠制度。但当前慈善捐赠税收优惠制度存在内部结构尚不完善且逻辑混乱的情况。

首先，慈善捐赠税收优惠缺乏完善的结转扣除规定。虽然在规范性文件中早已有关于结转扣除制度的规定[1]，但囿于法律层级的限制以及缺乏操作实施细则，该项规定长期处于搁置状态，并未实际落地，未给捐赠企业带来政策利好[2]。《慈善法》规定："自然人、法人和其他组织捐赠财产用于慈善活动的，依法享受税收优惠。企业慈善捐赠支出超过法律规

---

[1] 2013 年国务院批转的国家发改委、财政部、人力资源社会保障部制定的《关于深化收入分配制度改革的若干意见》规定，"落实并完善慈善捐赠税收优惠政策，对企业公益性捐赠支出超过年度利润总额12%的部分，允许结转以后年度扣除。"

[2] 葛伟军. 公司捐赠的慈善抵扣美国法的架构及对我国的启示 [J]. 中外法学, 2014 (5): 1337–1357.

定的准予在计算企业所得税应纳税所得额时当年扣除的部分,允许结转以后三年内在计算应纳税所得额时扣除。"该规定将慈善捐赠结转扣除制度上升到法律层级,但作为税收优惠制度的具体内容更适宜在税收优惠法律规范中作出规定。十二届全国人大常委会第二十六次会议表决通过了关于修改《中华人民共和国企业所得税法》的决定。根据这一决定,企业所得税法第九条修改为:"企业发生的公益性捐赠支出,在年度利润总额12%以内的部分,准予在计算应纳税所得额时扣除;超过年度利润总额12%的部分,准予结转以后三年内在计算应纳税所得额时扣除。"至此,在税收立法中也将结转扣除制度正式纳入规定,这对于企业的一次性大额捐赠无疑具有激励作用。另外,新个税也规定了个人进行慈善捐赠能在年应纳税所得额30%内的部分进行扣除,且不足扣除的部分可结转3年扣除。这在一定程度上影响了公众的捐赠热情,也与世界各国惯例做法相悖。[①]

其次,非货币性捐赠缺乏必要的优惠支持。捐赠主体多元化与慈善资源需求的多样性使捐赠形式各异。尤其是在捐赠形式多样化的情况下,无形资产、现代服务业等行业的捐赠如何获取税收优惠尚不明确。特别是不动产捐赠涉及个人所得税、企业所得税、契税、印花税、房地产登记费等多种税费,如无法获得税收优惠的支持,繁重的负担将严重阻碍该捐赠形式。另外,进行货物捐赠的企业除在几次自然灾害后重建时段能获得免征增值税、城市维护建设税及教育费附加外,还需要以同等产品的销售价格确定销售额缴纳增值税。这些慈善税收优惠制度的缺失都会极大打击慈善捐赠主体的积极性,限制捐赠的形式,减少慈善资源的丰富性。

最后,慈善税收优惠制度分散。该散乱存在的根源是正式以法律规范形式存在的慈善税收优惠内容很少,目前只有《企业所得税法》《个人所

[①] 财政部关于企业公益性捐赠股权有关财务问题的通知[N]. 中国税务报,2009-11-16(010).

得税法》《海关法》《慈善法》。并且这些法律对慈善税收优惠的规定过于原则，使其不得不依靠大量低层次的规范性文件作为具体慈善税收优惠实施的依据。另外，现行慈善税收优惠制度的制定主体包括民政部、财政部、国家税务总局、海关总署、国家宗教局等国家机关，这也是慈善税制内部体系性不足的另一原因。由于慈善税收优惠制度颁布主体的多元化，部门之间缺乏有效沟通所发布的规范性文件之间存在重叠、抵触与冲突等问题。

（三）缺乏慈善组织获得税收减免的制度供给

作为具体运用、分配慈善资源的公益性社会团体，慈善组织享受的税收优惠本应一视同仁。但现行规定中，很多慈善组织未包括在获得税收优惠的范围之内。一方面，税收规范性文件与慈善组织法律、法规方面缺乏有效对接，致使相当一部分慈善组织被排除在优惠主体范围外。例如，依据《中华人民共和国房产税暂行条例》第五条的规定，经国务院授权的政府部门批准设立或登记备案并由国家拨付行政事业费的各类社会团体自用的房产，免征房产税。这样非国家拨付行政事业费的公益性社会团体就无法获得免征房产税的优惠。根据有关规定，政府部门和企事业单位、社会团体以及福利性、非营利性的老年服务机构，国家拨付事业经费和企业办的各类学校、托儿所、幼儿园，以及疾病控制机构和妇幼保健机构等卫生机构自用的土地，免征城镇土地使用税。[①] 从事其他公益事业的慈善组织则无法获得免征城镇土地使用税的优惠。另一方面，慈善组织免征所得税范围有限。慈善组织提供慈善服务所得以及投资经营所得缺乏必要的税收优惠支持。《关于非营利组织企业所得税免税收入问题的通知》具体规定了免税收入的类型。从该通知来看，非营利组织免税收入仅限于受赠所得、政府补助、会费以及银行存款孳息

---

① 参见《房产税暂行条例》第五条以及财政部、国家税务总局《关于非营利性科研机构税收政策的通知》《关于教育税收政策的通知》《关于医疗卫生机构有关税收政策的通知》。

等。《关于非营利组织免税资格认定管理有关问题的通知》规定财政部门、税务部门联合审核免税资格。总之，目前对能够享受所得税优惠的非营利组织而言，免税资格只是享受免征所得税的基础条件，其行为性质才是决定能否获得免税的关键。即免税范围界定以非营利组织的行为性质为准。但这些规定已经无法适应《慈善法》发展慈善事业的立法主旨。以《慈善法》规定的慈善信托制度为例，慈善信托在本质上是与慈善组织存在根本区别的，该制度更多以运用信托的灵活性促进慈善财产的保值、增值为目的。如对慈善信托适用现行慈善组织免税规定，势必阻碍慈善信托实现慈善资源有效利用的目的。慈善组织依靠自身力量获得慈善资源发展慈善事业的目的也无法实现。现代慈善事业实现可持续发展所需的资源也无法充足获取。

第三节 我国现行慈善税收优惠不足的原因分析

现行慈善税收优惠制度的不足是相对于其无法满足发展现代慈善事业而言的。而导致我国慈善税收优惠规定不足的原因，既有缺乏基本原则的指导方面的内在原因，同时也有我国慈善事业没有形成一定的发展规律，造成慈善税收优惠规定立法上的"捉襟见肘"的外在原因。

一、慈善税制立法指导思想偏差

我国目前以慈善所得税为主的优惠制度结构形成的原因，不仅是因为增值税等商品税需要减少税收优惠规定来保持其中立性，更重要的是增值税是我国财政收入的主要来源。而慈善商品税优惠制度的设立将影响增值税等商品税组织国家财政收入功能的实现，因而在我国增值税立法中没有规定慈善税收优惠的内容。即增值税等商品税是组织国家财政收入的主要来源，这比设立税收优惠促进慈善事业发展的价值追求更重要。而财产税重视对财产流转环节征税而非保有环节征税，这其实也体现了我国财产税立法设计仍然偏重实现财政收入这一目标。因为对财产流转环节征税能保障税源且征收便利，如果财产税重点转为保有环节将会抑制投资。并且建立在财产完善登记制度基础上的保有环节税，目前由于财产隐匿及登记制度不完善等原因没有成为我国主要的财产税种。财产税以财政收入为目标的制度设计同样影响了慈善财产税优惠规定。虽然税收以组织财政收入为主要目标无可厚非，但税收是具备多功能的调节工具。慈善税制的存在并不妨碍税收以组织国家财政收入为主要目标的实现。

（一）慈善税制与税收组织国家财政收入目标间的关系

税收优惠促进慈善事业发展与税收组织国家财政收入目标之间并不矛盾，本书拟从慈善事业发展对国家社会保障职能实现的积极作用以及不当慈善税收优惠规定给慈善公益事业发展带来的消极影响进行分析。

2014年发布的《国务院关于促进慈善事业健康发展的指导意见》对我国慈善事业发展的指导思想、基本原则、发展目标作出了规定，其中以鼓励支持慈善事业发展作为总的指导思想。但发展的基本原则是突出扶贫、济困。鼓励、支持和引导慈善组织和其他社会力量从帮助困难群众解决最直接、最现实、最紧迫的问题入手，在扶贫济困、为困难群众救急解难等领域广泛开展慈善帮扶，与政府的社会救助形成合力，有效发挥其重要的补充作用。该指导意见已经明确了扶贫济困的慈善活动被认定为政府社会救助保障的一种补充。因此，慈善事业在充当社会救助保障角色时减轻了政府社会保障的压力，没有慈善事业的支持，政府将以更多财政支出用于社会救助。虽然慈善税收优惠制度以税式支出的方式减少政府财政收入，但获得该税收优惠的慈善组织能利用此优惠获得的慈善资源发挥对社会更大的作用。为支持慈善组织发挥社会保障及发展其他公益事业的作用，政府需要提供慈善组织获取慈善资源的渠道，慈善税制便应运而生。慈善税制本质是政府对慈善组织的支持从财政拨款的方式转变为税收优惠方式。此外，该指导意见确立了我国慈善事业的发展目标为："到2020

年，慈善监管体系健全有效，扶持政策基本完善，体制机制协调顺畅，慈善行为规范有序，慈善活动公开透明，社会捐赠积极踊跃，志愿服务广泛开展，全社会支持慈善、参与慈善的氛围更加浓厚，慈善事业对社会救助体系形成有力补充，成为全面建成小康社会的重要力量"[1] 依发展目标来看，作为建设小康社会的重要力量，未来我国慈善事业的发展除作为政府社会救助的补充外，还肩负着提高受益人生活质量，为其创造发展机会，促进社会机会公平的作用。

（二）慈善商品税优惠制度对税收中立原则的影响

所谓税收中立原则是为保证经济效率，国家的税收政策应尽量减少对投资决策的影响，以免干预市场机制的正常运作。[2] 秉持税收中立原则，并受该原则规制的税法具体制度主要是以经济政策为主的内容，是为防止税收对纳税人的投资决策行为造成影响，降低市场经济效率。就慈善事业发展而言，慈善税制具有激励慈善捐赠和规范慈善组织行为的作用。慈善捐赠行为的公益性与市场经营者逐利行为是不同的研究领域。公平、中立的税收制度对市场秩序的维护、促进资源的优化配置是有益的。在慈善事业领域，获取慈善资源与对慈善资源进行需求性分配是主要目标。所以，与税收中性原则基于对资源配置效率追求目标不同，慈善税制的设立不应受制于中性原则。由于调节的领域不同，慈善税制应有自己的体系，在慈善税制立法的价值追求、设立原则等方面有别于主体的税制体系，达到与主体税制之间的协调。

二、现行慈善税制内容不符合税法基本原则

课税理论是整个税法理论体系的重要组成部分，以界定征税范围为主

---

[1] 国务院关于促进慈善事业健康发展的指导意见 [EB/OL]. http://www.gov.cn/zhengce/content/2014-12/18/content_9306.htm.

[2] 胡加祥. 国际经济法 [M]. 北京：高等教育出版社，2008：317-318.

要内容。而征税范围的确定会影响慈善税收优惠制度的形成。张守文(2001) 对收益可税性理论的分析更符合我国现行税收制度的实际。张守文教授认为，收益性、公益性和营利性是确定征税范围并有效确定某类行为和事实是否具有可税性的要素。而收益性在这三要素中起基础性作用，因为依据收益的性质能判定纳税主体的纳税能力。据此，判定收益性质的标准便成为影响征税范围的重要前提。收益与获取收益的主体、主体行为的性质都存在关联，如果从"实质课税理论"出发理解课税公平，也就是，仅从强调纳税能力的角度来说，则只要是收益，无论是哪类主体获得的，无论是什么性质的收益，都应征税，这样才是公平的。[①] 但受税法对公平与效率价值理念影响，张守文教授对能够作为征税对象的收益的界定有别于"实质课税理论"对收益的界定。反映在现行税收立法中就有《企业所得税法》对非营利组织所得免征所得税的规定，以及《关于非营利组织免税资格认定管理有关问题的通知》对非营利组织符合免税条件的收入免予征收企业所得税的规定。税收立法中对非营利组织部分所得给予免税规定是因为虽然非营利组织获得了收益，但该收益并不能提高非营利组织的纳税能力，该收益具有公益性质。将非营利组织的收益排除在课税范围外体现了税法对公平价值目标的追求。另外，慈善税收优惠立法也在一定程度上受"实质课税原则"理论对收益界定的影响，将非营利组织经营性所得与一般企业所得适用相同的税率征收所得税。非营利组织的营业性收益被征税是忽略了收益主体性质及所得使用目的，才被视为一般纳税主体。而当前课税理论之所以更加偏向于采取"只见收益，不见主体"的课税方式，还有更深层次的原因，这是由于放任非营利组织从事经济行为以获得收益会存在以下风险：一是背离了非营利性组织设立的目的，非营利组织应以开展慈善、公益性活动的方式促进我国慈善事业发展为目标。投资收益并非其应当从事的行为，况且经济性行为的结果并非一定就是收入也可能是损失。擅自使用捐赠财产使非营利组织承担经济风险必然会影

---

① 张守文. 收益的可税性 [J]. 法学评论，2001 (6)：18 - 25.

响非营利组织的社会声誉和未来慈善募捐的能力。况且非营利性组织的治理结构特性决定其缺乏处理经济信息的能力和作出经济决策的有效机制。因而，慈善财产的经济性运作获得收益的风险也增大。二是慈善组织从事投资收益性行为可能被纳税人利用作为避税工具。三是在以组织国家财政收入为主的课税目标前，慈善税收优惠税收优惠方面的内容必然受到限制。

"实质课税理论"在税收立法与执法中的适用确实能够对一些逃避税收行为起到打击作用，防止现行税收制度沦为不诚信纳税人的避税工具。但是，与主体税收制度以组织国家财政收入或者实现国家宏观经济调控目标不同，在符合税收公平原则下，慈善税收优惠立法对慈善组织赋予免税优惠；在符合税收效率原则下，慈善税制的立法设计应考虑对捐赠者不同的捐赠形式以税收优惠。因此，作为主要适用于税收经济领域的"实质课税理论"不能用于指导慈善税收优惠制度具体立法。之所以出现前文所述问题，比如对慈善组织用于实现慈善目的的所得被课征所得税、出现不同性质但拥有相同慈善目的的慈善组织之间会享受不同税收优惠的规定、诸多违背税收公平原则的慈善税收优惠政策存在等，是根源于我国现行慈善税收优惠制度受政策工具主义思想影响，没有独立的立法价值目标。现行慈善税收优惠具体制度在立法形式上违背了税收法定原则，慈善税收优惠主要以部门规章等政策形式出现，且对具有官方背景的慈善组织给予倾斜性优惠，又违背了税收公平原则。这与慈善事业被定位为政府社会保障职能的一部分相关。但高质量发展的慈善事业不仅是作为政府实现职能的辅助，而且承担着弥补政府进行社会治理方面的失灵与不足。就此而言，现行慈善税制设计对公办慈善与民间慈善的不公平对待是慈善事业发展定位不明确导致的。推动慈善事业高质量发展的慈善税制设计需要从体系上完善制度设计，公平对待公办慈善与民间慈善组织、慈善活动等。

三、慈善税制立法权分散

慈善税制立法权的失序与失范是由慈善事业管理体制的不统一造成的。《慈善法》第十条和第十三条虽赋予民政部门对慈善组织认定和监管的职能，却将慈善组织免税资格认定的权力交移税务部门，造成部门间信息不畅通，影响了慈善组织获取免税资格。《慈善法》第三十八条规定：慈善组织接受捐赠应开具由财政部门统一监（印）制的捐赠票据，但现实中却是我国有资格开具免税发票的慈善组织数量太少，免税发票获得遭遇阻碍。《慈善法》第八十三条的规定仅仅免除了捐赠者捐赠有价证券、股权和知识产权的相关行政事业性费用，并未提及税收减免优惠，非货币捐赠税收减免优惠规定缺失。《慈善法》作为慈善事业发展领域的基本法，对慈善税制的规定存在抽象性、可操作性不强的问题。民政部门与税务部门是规范慈善事业发展的主管部门，也是慈善税制立法的重要部门。为避免慈善与税制之间的脱节与矛盾，减损慈善税制的激励效应，必须厘清部门在慈善税制设计中的职责，在税收减免优惠具体操作过程中要加强规制的便捷性和可操作性。一是从各自专业领域看，根据调整对象以及调整方法的不同特点，税务部门在慈善税制当中主要负责规定税制结构、税率高低、税种设置等税法专业问题，而慈善税收优惠管理体系建立、慈善组织主体资格审查、慈善组织运营监管等问题则应该归属于民政部门管理范畴。二是从两者交叉合作领域看，慈善组织税前扣除资格首先须经民政部门初审，再由税务部门核准。慈善组织从事商业活动依照上述是否与慈善组织公益性有关的原则使用差别税率，进行严格分类管理，在民政部门初审的基础上还应由税务部门协助认定。三是财政、审计等部门应积极配合民政部门和税务部门建立一视同仁、平等对待的慈善税制体系，摒弃之前在税收优惠实践中存在的"特事特办""专事专办"的慈善税收减免优惠处理方式，使资金少、力量微薄的民间慈善团体、个人能与大型慈善基金会享有同样的税收减免待遇。四是推动相关具体细则和实施流程的落实，及时修订完善与《慈善法》相背离的税收激励措施,并在程序上加以规范,确保现行优惠政策切实贯彻实施。

四、慈善发展模式尚未成型影响慈善税制体系的构建

慈善事业发展模式是慈善事业发展与政府间关系的体现。依据慈善事业发展受政府控制的程度可将慈善事业发展模式分为民间主导型、政府和社会合作型、受管制型三种。由民间主导的慈善事业发展模式在慈善事业资金来源、对慈善资源的支配以及慈善活动范围等受政府影响较小。第五章将要介绍的美国慈善事业更类似于民间主导型发展模式。合作型慈善事业发展模式下,慈善事业发展的资金大部分来自政府购买公共服务所得,因此对慈善组织开展慈善活动及慈善资源使用都由公共服务合同进行规定。慈善事业是在慈善组织与政府的共同作用下所发展起来的。合作型慈善事业发展模式的典型国家有德国、英国。受管制型慈善事业发展模式下,政府包揽了社会全部的慈善事业,因此慈善组织具有政府部门的性质,慈善组织资金主要源于财政拨款且慈善资金使用需服从政府指导。该模式类似于我国慈善事业发展的初始阶段。

(一)公办慈善妨碍慈善事业的模式化发展,慈善税收优惠范围难以界定

慈善事业发展的关键在慈善组织,而厘清慈善组织与政府间的关系是确立慈善税收优惠具体内容的前提。从主体来看,我国慈善供给体系由"社会救助""公办性质的慈善机构""民间慈善组织"等构成。公立慈善组织包括各种准政府机构,例如红十字会、慈善总会、残疾人联合会等组织,这些慈善组织依赖公共财政拨款获得慈善款物,具有很强的社会管理功能。公立慈善组织,一方面可以通过政府和民间的双重渠道去获取资源,依靠体制内和体制外的两种资源去展开慈善活动。但另一方面,也会因为同时满足社会和政府的双重需求,在运作上会受到行政机制和自治机

制二元结构的双重支配。① 公立慈善组织的兴盛发展在一定程度上挤占了民间慈善组织的发展空间。因为，在现行慈善税收优惠制度规定中，公立慈善组织获得的税收优惠支持更多。且在《慈善法》实施前，民间慈善组织建立、注册和登记的双重管理制度提高了注册登记的门槛。这使许多民间组织由于达不到注册标准而无法获得合法身份，难以开展慈善活动。对此，一些学者批评现有的法规对基金会成立和发展约束太多。②《慈善法》规定，只有慈善组织才能享受免税资格和税前扣除资格，大多民间组织由于豁免条件限制，被挡在获得税收优惠的"大门之外"。由于没有免税资格和税前扣除资格，民间慈善组织无法正常开展慈善募捐活动。

在过去，公立慈善机构对我国慈善、公益事业发展起到重要作用，但公立慈善组织的资金筹集、组织运作、活动开展、内部管理等方面受制于政府，不能有效释放民间慈善力量，也不利于发展高质量慈善事业。因为公办慈善的慈善资源来源可靠，公立慈善组织大多情况下不通过公开募捐的形式来激发捐赠者内在的同情心和志愿性来获得慈善资源。同时，这也限制了我国慈善规模的扩大和我国捐赠者慈善意识的提升。另外，公立慈善组织的资金以"行政摊派"形式向政府机构、国有性质的企业、事业单位人员筹集，在捐赠群体内容易形成逆反心理，对我国慈善事业可持续发展不利。政府参与、管理慈善组织开展慈善活动，从功能上看，公办慈善体系容易强化公立慈善组织所具有的管理职能而非服务功能。从而使这些组织把慈善事业看作一种政府事务通过自上而下的途径来推进。③ 因此，这种自上而下的慈善活动不具有民间慈善组织的发现慈善需求的功能，而这种发现功能恰恰是慈善资源有效利用、慈善组织承担公益社会责任的前提。

---

① 林卡，吴昊. 官办慈善与民间慈善：中国慈善事业发展的关键问题 [J]. 浙江大学学报（人文社会科学版），2012（4）：132-142.
② 戴志勇. 放松社团登记有利长治久安 [N]. 南方周末，2011-12-01（F29）.
③ 庞树奇，王波. 中国慈善事业的纵横比较 [M]//卢汉龙. 慈善：关爱与和谐. 上海：上海社会科学院出版社，2004：12-13.

（二）受公办慈善挤压，民间慈善组织和活动无法获得慈善税制的公平对待

自改革开放以来，我国慈善事业得到迅速发展。从捐赠规模来看，2015年我国捐赠额破1100亿创历史新高。[①] 从慈善公益组织发展情况来看，《慈善蓝皮书：中国慈善发展报告（2016）》显示，截至2015年12月底，全国共有社会组织65.8万个，比2014年的60.6万个增长8.6%。其中有社会团体32.6万个，基金会4719个，民办非企业单位32.7万个。《中国慈善发展报告（2020）》（以下简称《报告》）显示，根据测算，2019年，中国社会公益资源总量为3374亿元，较2018年减少0.97%。其中，2019年社会捐赠总量预测约为1330亿元，志愿者贡献总价值为903.59亿元，彩票公益金募集量为1140.46亿元，分别较2018年增长4.72%、9.7%和-13.18%。[②] 在全国经济增长下滑的情况下，慈善捐赠没有受到经济下行压力影响，走出了相对独立发展的路线。捐赠规模及慈善公益性组织数量能够反映一国慈善事业发展现状，但其无法显示慈善事业水平。就公益性慈善组织发展情况而言，我国慈善组织数量激增的背后，不可否认的是民间慈善组织的业务能力普遍不高，不能承担其应负的公共责任。[③] 而效率和公信力是慈善公益性组织存在的根基，在其无法运用科学管理手段、有效利用资源、最大效率实现其公益目标以提高公共事务的解决能力的情况下，既不能获得捐赠者的信赖也无法获得政府部门的支持。例如，2014年，基金会和慈善会系统仍然是接收捐赠的主要对象，二者共接收捐赠693.03亿元，占捐赠总额的比重为66.5%，基金会接收捐赠约383.15亿元。各级政府机构接收捐赠238.4亿元，占捐赠总额的22.9%，其中民政部门直接接收捐款为79.6亿元，占比7.64%。红十字会系统接收捐赠

---

① 本刊.2015年我国捐赠额破1100亿创历史新高[J].中国民政,2016(23):2.
② 杨团.中国慈善发展报告（2020）[M].北京:社会科学文献出版社,2020.
③ 史竞艳.我国现代慈善事业发展问题研究[D].复旦大学,2013.

26.43亿元，占比2.5%。① 另外，图4-2对2017年中国社会捐赠总量构成的数据统计显示，慈善会系统、基金会系统、除民政部门以外的其他部门排在了获得2017年慈善捐赠的前三名，且前三名接受捐赠占比2017年捐赠总额高达80.5%（见图4-3）。

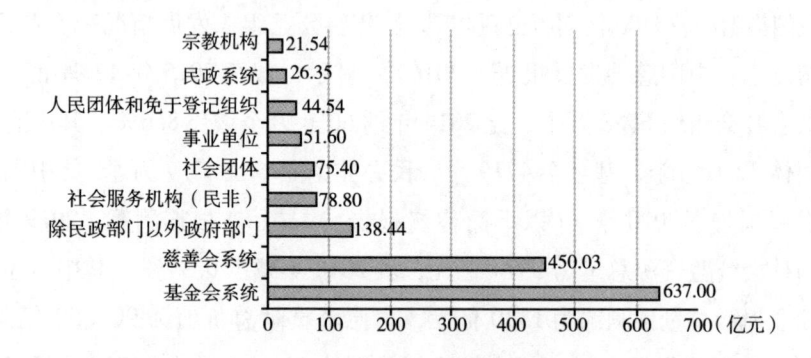

类别	金额（亿元）
宗教机构	21.54
民政系统	26.35
人民团体和免于登记组织	44.54
事业单位	51.60
社会团体	75.40
社会服务机构（民非）	78.80
除民政部门以外政府部门	138.44
慈善会系统	450.03
基金会系统	637.00

图4-2　2017年中国社会捐赠总量构成

资料来源：宋宗合.2017~2018年度中国慈善捐赠报告［M］//杨团.中国慈善发展报告（2019）.北京：社会科学文献出版社，2019：30-48.

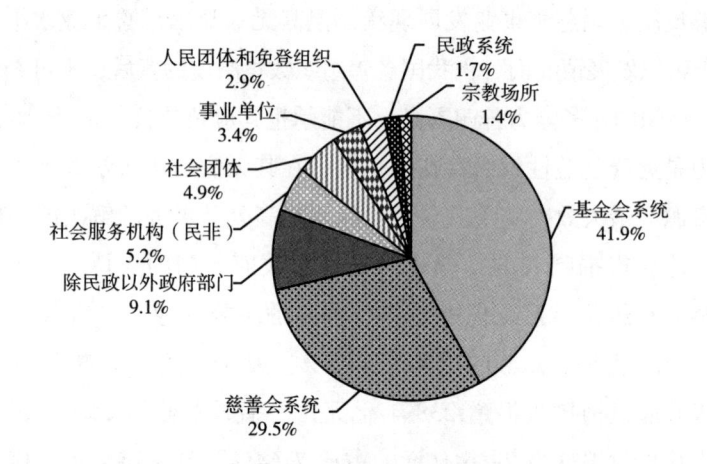

类别	占比
基金会系统	41.9%
慈善会系统	29.5%
除民政以外政府部门	9.1%
社会服务机构（民非）	5.2%
社会团体	4.9%
事业单位	3.4%
人民团体和免登组织	2.9%
民政系统	1.7%
宗教场所	1.4%

图4-3　2017年接受社会捐赠途径占比

资料来源：宋宗合.2017~2018年度中国慈善捐赠报告［M］//杨团.中国慈善发展报告（2019）.北京：社会科学文献出版社，2019：30-48.

---

① 2014年社会服务发展统计公报［EB/OL］.http://www.mca.gov.cn/article/sj/tjgb/201506/201506158324399.shtml.

由此可见，拥有官方背景的慈善公益性组织更能获得大众信赖，而这也是目前我国慈善事业发展的最重要特征。以直接隶属于民政部的中华慈善总会为例，作为全国最高级别的慈善公益性组织在全国各地设立地方慈善分会，并且管辖着诸多民间慈善团体。除民政部门外，其他的教育、卫生部门同时也兼管着各级慈善组织。

五、慈善税收优惠制度目标不明确使具体制度间存在矛盾

慈善公益组织数量、规模庞大是我国慈善事业高质量发展的基础。同时由于我国慈善事业发展历史短暂，慈善公益性组织在处理与捐赠者、实际受益者的关系上以及有效运作慈善资源的能力上良莠不齐。所以，目前慈善税收优惠法律制度在对慈善公益性组织免税范围、税前扣除资格审核上不能同一对待。正是由于慈善事业发展模式尚未成型，所以慈善法制的内容具备多样化功能，包括培育和开发、规范和激励、调节和促进等。慈善税制是慈善法制的重要构成部分，慈善税制对慈善事业发展的作用不仅包括对慈善捐赠的激励，还包括对慈善组织在资源募集、慈善资源保值增值和分配等方面的运作进行规范，面对国内慈善事业发展不平衡、不充分的现状进行调节和促进。所以，慈善税制的立法目标具有多样性。立法目标的多样性容易导致慈善税制立法过程中的重复、矛盾和漏洞；加上我国慈善事业是以官办慈善为主、民间慈善事业发展尚未成型，现行慈善税制过多呈现调节功能而非激励功能。所以，在慈善事业发展模式尚未成型、慈善事业发展体制机制不完善、慈善事业发展不平衡和不充分的背景下，慈善税制优惠立法由于承载目标的多样性而呈现相互矛盾、有效激励不足、调节功能失效等问题。作为慈善法制的重要组成部分，慈善税制必须以高质量慈善事业发展目标为定位、以慈善事业发展的现状为基础、以多样化目标为要求，重新安排慈善税制立法的层级体系、完善内部制度、明确各领域的立法目标。

本章小结

　　建立在市场经济基础上的分税制财税体制，以组织国家财政收入与市场经济发展初级阶段相匹配是主要设计目标。加上分税制改革时，我国慈善事业特别是民间慈善事业发展的基础非常薄弱，并没有形成能够影响慈善税制改革的基础性条件。如前文所述，慈善税制体系和结构的合理性、完整性需以慈善事业的规模化发展为前提，作为激励机制的慈善税制需要影响慈善事业发展的因素的刺激才能获得进一步完善。在慈善事业发展基础薄弱和分税制财政体制改革初期，我国慈善税制呈现结构不合理、优惠的税种类型较少、税收优惠形式单一的不足，这与慈善税制缺乏明确、统一的立法指导思想、立法权合理配置不合理、税收优惠政策不稳定相关。但以慈善事业高质量发展作为目标，在慈善事业规模不断扩大，慈善组织管理体制不断完善、慈善资源越来越丰富的背景下，我国已经具备促进慈善税制完善的基本条件。据此，作为促进慈善事业发展的重要制度，慈善税制应具备体系完整、逻辑层次鲜明、可操作性更强的特点，以满足慈善事业发展需求。同时，在后疫情背景下，慈善发展呈现的多样性、灵活性和小众性特征，应以更加丰富的税收优惠形式，更公平地对待多样性慈善组织；实现对慈善事业的包容性发展。

第五章

代表性国家慈善税收优惠立法及启示

本章主要介绍以美国为代表的民间主导型慈善事业发展模式下慈善税收优惠法律制度现，以及和以德国、法国为代表的合作型慈善事业发展模式下慈善税收优惠立法的情况。从这些国家的立法内容来看，无论慈善事业发展模式如何，合理的慈善税收优惠制度结构是进行慈善税收优惠制度立法的前提。同时，本章还对日本的慈善税收优惠立法进行梳理，介绍有益的立法经验。

第一节 美国慈善税收优惠制度的现状

美国以直接税为主，实行联邦、州和地方（市、县）三级征税制度，是分税制财政体制较彻底的国家，现行的主要税种有：个人所得税、公司所得税、销售税、遗产和赠与税、社会保障税、财产税、消费税、关税等。[1] 美国的慈善税收优惠制度与其现行税制结构直接相关。

---

[1] Douglas W. Elmendorf. The Distribution of Household Income and Federal Taxes, 2008 and 2009 [R]. Congress of the United States Congressional Budget Office. 2012: 14.

一、美国慈善税收优惠制度结构现状

在整个税制体系中占有重要地位的税种被称为主体税种。由于美国实行的是三级征税制度，而各级政府开征的税种与倚重的税种各不相同，因此不同行政级别政府之间的主体税种是有所差异的。联邦政府开征的税种包括个人所得税、社会保障税、公司所得税、消费税、遗产和赠与税、财产税和关税。

美国联邦政府税收总收入的83%来自个人所得税和社会保障税。州政府的税收总收入以销售税为主，约占44%；其次是个人所得税和社会保障税，分别占28%和11%，财产税以76%的份额成为地方政府的主要税种。①

所以，美国联邦政府是以个人所得税为主，其他税种为辅的税制结构。在美国《国内税收法典》中，个人所得税对慈善税收优惠的规定通常是给予对非营利组织捐赠的纳税义务人税前扣除优惠［I. R. C. §170（a）(1)］，并且可扣除额比例较高。捐赠给慈善机构的金额可扣除额为纳税义务人所得的50%［I. R. C. §170（b）（1）（A）］，而对私人基金会进行捐赠的可扣除额则为所得的30%［I. R. C. §170（b）（1）（B）］。由于社会保障税也是在所得基础上课征的一种税，进行所得税的慈善税制设计实际上已从社会保障收入中扣减，所以社会保障税中不包含慈善税收优惠的内容，也不存在重复扣除获得优惠的规定。虽然公司所得税并非联邦政府主体税种，但其规模仍然很大。公司纳税义务人捐赠给慈善机构，可扣除额为公司所得的10%［I. R. C. §170（b）（2）（A）］。遗产税虽然在联邦政府税制结构中只是一个小税种，但以遗产进行捐赠的可以获得遗产税全额扣除的优惠［I. R. C. §2055（a）（2）］。联邦赠与税中有关慈善捐

---

① 孙玉红，程彦娟，苗绿.2014年浅析中国企业投资美国的税务陷阱［M］//王辉耀.中国企业全球化报告（2015）.北京：社会科学文献出版社，2015：164－174.

赠税收优惠的内容与遗产税的规定类似，对捐赠者的特定捐赠行为给予赠与税全额扣除［I. R. C. §2522（a）(2)］。除对慈善捐赠规定了相应税收优惠外，美国《国内税收法典》依据接受捐赠的免税组织的类型及其所能享受的税收优惠进行差异性规定。享受联邦所得税免税组织的类型一共有29种［I. R. C. §501（c）］，其能够获得的税收优惠包括联邦所得税减免［I. R. C. §501（a）］、发行免税债券（I. R. C. §145）以及邮资折扣［U. S. C. §3626（a）(1)］等多种不同优惠。

美国各州所得税法通常也允许对慈善捐赠进行税收扣除，这形成了对慈善捐赠的又一激励。各州对慈善捐赠的税收激励政策基本上都是遵照联邦税法的规定（杨利华，2016）。州政府亦会给予非营利组织州税减免的待遇，包括对不动产免税、销售税免税。① 有一名为"Goodwill"的连锁店，这里所有的商品都是接受捐赠而来的，所有的销售收入都用来资助残疾人事业。当然里面的商品以二手货居多，但即使是崭新的商品，也同样不必交销售税。② 美国直接税为主的税制结构特征也延伸到慈善税收优惠立法领域。与其他税种当中所包含的慈善税收优惠设计相比，慈善所得税收优惠扣除比例和对慈善法律关系各方主体享受税收优惠的规定，带来的慈善激励效果更显著，对慈善组织的规范性更强。

二、美国慈善税收优惠的税种类型

如上文所述，直接税是美国慈善事业税收优惠的主体税种，故美国慈善税收优惠的税种包括以下类型：

其一，所得税，包括个人所得税和公司所得税。所得税是以纳税人的所得作为征税对象，按量能课税原则设计税率、税基的制度，相较于

---

① 参见 N. Y. Real Property Tax Law §420（a）（Real property tax exemption）; N. Y. Tax Law §1116（a）（Sales tax exemption）.
② 黄凤羽. 亲历美国销售税［J］. 新理财（政府理财），2009（Z1）：125 - 126.

其他税种，所得税是一种直接税，制度设计更符合税收公平原则，对于社会财富的再分配具有特殊的调节功能。美国的个人所得税以家庭为课税单位，综合各类所得适用累进税率。从纵向上看，该制度设计兼顾遵循了"多得多纳税，少得少纳税"的量能课税原则；从横向看，避免了横向因为收入结构差异导致的税负不公的问题。以综合所得进行慈善捐赠的纳税人可获得应纳税所得额的扣除，并且该捐赠扣除是列举扣除而非标准扣除，该种扣除方式能扩大纳税人进行捐赠获取的节税效果。其中标准扣除根据不同的申报方式，扣除额会有较大区别。例如，已婚合报的标准扣除是 12200 美元，户主申报的标准扣除是 8950 美元，单身的标准扣除是 6100 美元。对有孩子或者老人的家庭，每个孩子或老人可以增加 1000 美元的标准扣除。而列举扣除，也称分项扣除，是对纳税人实际发生的各类支出分别进行扣除。列举扣除包括的范围较广，家庭可能产生的医疗、教育、捐赠以及其他非联邦税收支出均包含在内。[①]此外慈善捐赠支出的扣除额也以家庭为单位从综合所得中扣减，这有利于在家庭环境中培养慈善意识并传承该慈善思想，为慈善事业的可持续发展奠定基础。美国《国内税收法典》对公司的慈善捐赠性支出也同样规定了税收扣除的优惠。以所得税收优惠激励公司捐赠，一方面，公司捐赠丰富了捐赠的形式，包括各种有形物资、无形资产、有价证券等，这迎合了现代慈善事业所需慈善资源类型多样的要求；另一方面，公司捐赠也是其作为"企业公民"承担社会责任的应有之意。

其二，遗产税。它可以鼓励个人对社会慈善事业、福利事业和公益事业进行捐赠。遗产税是调节社会财富公正分配的有效杠杆。在约翰·梅纳德·凯恩斯看来，遗产税的最大价值就在于对财富分层的矫正，并认为通过累进税率，税收体系中的遗产税等直接税可以促进社会公平、增进社会消费。保罗·萨缪尔森认为，遗产税可以避免形成一个永远有钱的阶级，

---

① 张敬石，胡雍. 美国个人所得税制度及对我国的启示 [J]. 税务与经济，2016（1）：97–102.

不劳而获。① 遗产税自带调整社会分配的功能，通过扣除赠与遗产价值影响捐赠价格和受继人收入价格对捐赠产生影响，以鼓励遗嘱人回馈社会的慈善意识。

其三，赠与税。其激励慈善捐赠原理与遗产税类似，在此不再重述。

三、美国慈善税收优惠的税率设计

美国慈善税收优惠的税率设计主要通过对所得额按比例进行税前扣除、对慈善公益组织的免税及私人基金会获得的多种优惠税率等方式实现。所得税、遗产税和赠与税有关捐赠额扣除比例的规定各不相同，但总的来说包括两类：税前限额扣除为主，全额扣除为辅。在所得税立法中，《国内税收法典》依据捐赠主体性质和受赠的慈善组织类别对税前扣除比例进行区分性规定：对于个人所得税，捐赠给慈善机构的可扣除额为所得的50%，捐赠给私立基金会则可获得30%扣除比例，向慈善组织进行增值财产的捐赠扣除比例也是30%，向私人基金会进行增值财产的捐赠扣除比例是20%（Fleisher，2008）。对于公司所得税，公司纳税人捐赠给慈善机构，可扣除额则为公司所得的10%。② 遗产税和赠与税对捐赠数额无论捐赠主体性质为何，都给予全额扣除的规定。

从美国慈善税收优惠税率设计的等级及其适用对象来看，其综合考虑了捐赠形式、捐赠主体性质差异和受赠慈善组织类型等因素。虽然按比例扣除不能使捐赠主体的大额捐赠当年度全额扣除，但结转扣除的规定给了捐赠者以全额扣除的机会。美国税法规定允许企业税前扣除的捐赠限额因捐赠形式不同、因受赠机构性质不同而有所差异。但超过限额部分可以向后结转5年，结转来的捐赠扣除优先于当年的捐赠扣除。

---

① 转引自王正平，李耀锋. 美国遗产税政策的伦理基础及其对社会道德产生的影响 [J]. 湖北社会科学，2014（5）：51-56.

② 翟继光. 美国国内税法典 [M]. 北京：经济管理出版社，2011：506.

第二节 欧盟成员国慈善税收优惠制度立法的现状

政府对公益性慈善组织资助的方式主要包括财政拨款的直接补贴形式和给予捐赠主体、慈善组织以税收优惠的间接形式。美国和欧盟成员国采取了不同方式来促进慈善事业的发展。美国主要以税收优惠激励民间捐赠的方式发展慈善事业，而欧洲国家的社会福利观使得公众普遍认为慈善事业是政府的职责。因此，欧盟成员国主要以购买公共服务的方式补贴非营利组织。但这反而促使欧盟成员国以更大的税收优惠力度促进其民间捐赠发展慈善事业，以减少政府的社会保障压力。虽然欧盟并没有超国家统一的税收立法规范，但他们之间通过共同体条约以及欧盟法院判决来协调成员国之间的税收立法差异。因此，欧盟成员国对慈善税收优惠的规定也趋近统一，本书只介绍几个比较典型国家的慈善税制。由于欧盟国家慈善事业发展倚重政府直接补贴形式，因此各国尚未形成有效的慈善税收优惠立法体制。本节将就一些成员国的具体优惠措施进行梳理，主要根据慈善税收优惠对象划分，具体包括捐赠者和受赠的非营利组织两类，以期对我国具体慈善税收优惠法律制度的完善有所裨益。

一、欧盟成员国慈善捐赠税收优惠规定

一些欧盟成员国采取的慈善捐赠税收激励方式与美国类似：慈善组织被免于征收所得税、财产税、遗产税等一些税种，而捐赠给这些慈善组织的数额可从所得税、遗产税中扣减。[①] 但也存在不同于先前所介绍的一些税收激励的措施。

---

① Winter, 2014 The Yale Journal of International Law 39 Yale J.

在西班牙和意大利，个人计算他们的个人所得税负之后，他们可将纳税申报单中应纳税额的一部分分给天主教堂或其他合格的慈善组织。[①] 匈牙利也出现了类似规定，允许纳税人指定一个慈善组织接受其应纳税额的1%。[②] 比利时税法规定，虽然遗赠受益人的遗赠所得将被课征80%的遗产税，但是如果受益人是非营利组织，则该高边际税率会降低至7%。[③] 直到2009年，奥地利仍关注什么才是对慈善捐赠的有效扣除。在奥地利的所得税制度中，某些捐赠可以被作为营业费用进行扣除，包括捐赠给建立在奥地利当地教育机构的被包括在营业资本当中的物品。[④]

二、欧盟成员国对非营利组织的税收优惠规定

税法主要以能够体现税负能力的营利行为为课税对象，对于不从事营利活动的非营利组织或社会团体税法制度如何适用存在一定困境。而对于非营利组织及其行为是否获得税收优惠，关键在于该非营利组织能否真正发挥其对社会的慈善功效。为鉴别非营利组织免税的合格性，法国、德国税法对非营利组织及其行为享受税收优惠的条件及获得该资格的程序做了详细规定。

（一）法国

法国对非营利组织给予税收优惠建立在社会连带互助的前提下，通过普遍性的减免优惠减轻非营利组织税负。法国税法中有关非营利组织的税收优惠主要包括所得税、增值税等。法国非营利组织只要满足一定要件就

[①] Giuliana Gemelli, Italy, in The State of Giving Research in Europe: Household Donations to Charitable Organizations in Twelve European Countries 42, 45 (Pamala Wiepking ed., 2009).

[②] David Moore, The Fiscal Framework for Corporate Philanthropy in CEE and NIS, 6 Int1 J. Not-for-Profit L. 2 (2004).

[③] Case C-25/10, Missionwerk, 2011 E. C. R. I-00497 at P 8.

[④] Case C-10/10, Comm'n v. Austria, 2011 E. C. R. I-05389, P 5 (holding that an Austrian law violated Article 40 of the EEA Agreement by referring exclusively to institutions established in Austria).

不用支付公司所得税（而正常边际税率是37%或42%）。对于捐赠者而言，只要捐赠给合格的非营利组织以现金，则该捐赠可获得部分免税的优惠。[①] 而作为法国另一个有重要地位的税种——增值税，对非营利组织也给予免税优惠，依据法国《租税总法典》第261条第7款第1节第a项的规定，合法设置的非营利团体对其会员提供的具有社会、教育、文化或体育性质的劳务服务的非营利行为免征增值税。在这些税收优惠规定中，最主要的内容是关于非营利组织资格认定及其行为性质的判定。而其中以行为性质的营利与非营利作为是否课税的主要因素。

在法国的"青年法国协会案"[②]与"资讯服务及顾问协会案"[③]中，法国中央行政法院对行为性质判定标准给出了较为确定的要素。随之，法国财政部BOI4H-5-06号命令中对营利性之判定流程做了规定。第一阶段，应当先从整体上判断，特定组织是否不具备营利性，例如组织本身有无分配利益之功能、预算是否仰赖政府补贴挹注等。倘若答案为否，则不构成纳税主体。反之，答案为是，则应进入第二阶段的判断。第二阶段的重点在于组织行为与营利性的企业有无竞争关系？倘若没有，则该组织的活动并非应税的营利行为。倘若有，则应当进入第三阶段的判断，亦即所谓4P的判断：竞争组织的相关活动，与其他从事相类似行为的营利性组织之间，所提供的产品（product）是否可比较？针对公众（public）的非营利组织提供的产品相比于营利性组织提供的相同产品是否较价格（prix）低？这类行为的公开程度（publicity）如何？在这样的程序中，倘若营利与非营利主体提供产品完全可类比、对象的群众（顾客）重叠性高、价格没有明显较低、对公众公开程度相去不远者，即可能被判定为非营利行为。换言之，在综合统整了中央行政法院的相关判决后，法国财政部依据该流程简单但不失有效率地给予税收征管机关判断特定行为是否具

---

① 转引自 American Nonprofit Law in Comparative Perspective, Washington University Global Studies Law Review 10 Wash. U. Global Stud. L. Rev.
② CE, ler. 1999, n° 170289, Assoc. Jeune France: Dr. f isc. 2000, n°7, comm. 106, concl. J.
③ CE, 8e et 3e ss-sect., 21 nov. 2007, n°291375, Association Services informatiques et consei Is.

有营业性的标准。①

（二）德国

德国所有的法人实体虽然都被要求缴纳法人所得税，但如果该实体追求德国《税收通则》第52~54条列举的公益、慈善、宗教事业目的，则该实体免于征收公司所得税。在捐赠扣除方面，个人、法人捐赠给某些公共利益组织可获得税收扣除优惠。该扣除有一定的上限，一方面，如果接受的组织追求合法的慈善目的，个人、法人在每一纳税年度可获得最多20%的应纳税所得额的税收扣除，或者捐赠可获得的最高税前扣除金额＝0.4%×（营业额＋工资＋薪金）的所得。捐赠额超过扣除额的部分可在之后的会计年度结转扣除。另一方面，德国所得税法第10（b）条第1（a）项规定，如果捐赠给符合税法规定的慈善基金会，个人捐赠者可扣除额最高可达到100欧元。并且该扣除额可在捐款当年扣除或者可在之后的九年内分别扣除。②依据德国《税收通则》的规定，享受免税优惠的非营利组织需满足促进公共利益、直接性、无私性、唯一性等四个特征。

所谓公共利益是指符合该法第51条第1段之规定，符合税捐优惠要件的非营利组织指从事公益、慈善与教会目的的法人团体。

需要强调的是，直接性作为非营利组织免税要件之一，是指依据《税收通则》第57条第1项第1段的规定，出于公益目的的行为，必须由该团体在现实上亲自予以实现。该直接性的特质使间接实现公益目的的行为丧失了税收优惠的资格。例如，将其土地出租给另一非营利组织进行公益行为者，对于出租土地的非营利组织进行公益行为者，对于营利组织的法人团体而言，不符合此处所称的直接性要件。即便如此，立法上仍不否定非营利组织可利用履行辅助人，作为其延伸之手臂以执行其合于公益目的

---

① 黄浩源. 法国税法上的非营利组织课税问题 [J]. 月旦法学杂志, 2012 (7): 52-66.
② Council on Foundations, U. S. International Grantmaking-Germany 8 (Aug. 2009) [EB/OL]. http://www.usig.org/ICNL/countryinfo/PDF/Germany.pdf.

的行为。

此外，依据德国《税收通则》第 57 条第 2 项之规定，基于税捐优惠而形成的联合组织下属的各公益团体以及联合募捐中心协会，仍属于符合税捐优惠要件之非营利组织。[①] 所谓无私性，是指依据德国《税收通则》第 55 条规定，组织行为目的的非利己性与非营利性，组织盈余的非分配性与奖励性以及团体资产的运用必须合乎章程规定。基于公共利益目的而购买或建造公益性财产符合《税收通则》第 55 条规定的运用目的。

唯一性是指，为了在接下来的历年或经济年度中，慈善资源的使用需符合税收优惠确立的目的。就慈善资源的使用去向来看，《税收通则》的规定放宽了慈善资源使用去向的规定，对唯一性的范围进行拓宽。例如，第 58 条的税收确定的捐赠行为、第 64 条应税营业行为、第 65 条目的性事业。《税收通则》第 58 条规定，因非营利组织进行财产管理行为所获得的收入可以减除杂费后余额的 1/3，提列为一定公积金。也就是说，非营利组织可对剩余慈善资源进行积极的管理，所产生的收入即使不一定全部用于慈善目的也能获得税收优惠。

在德国税法上，非营利组织的行为分为积极的财产管理行为和从事核心领域的符合税收优惠目的的行为，也有称为相关商业行为和无关商业行为。前者行为最终目的是为实现非营利组织从事核心领域的符合税收优惠目的的行为，二者之间具有手段与目的的关系。如何区分财产管理的行为、如何与应税的经济行为进行区分，在实务中存在一定的困扰。对于资本财产管理，资本财产收入来源有孳息和交易资本资产所得。德国税收实务中对此类行为与应税经济行为的划分采取类比方式。

即将非营利组织从事该财产管理行为与一般公众实施的该类行为进行比较，对该资本财产管理是否设有专门部门、资本财产在市场上的交易频率如何、是否借助相关领域专家操作买卖等积极经营的行为特质进行判

---

① 柯格锺. 非营利组织课税制度之德国法研究 [J]. 成大法学, 2009 (12): 103-151.

断。对于不动产的管理，其财产来源包括两方面，一是不动产租赁收取的租金，二是买卖不动产的所得。在收取资金的情形下，非应税行为的管理并不包括在租赁不动产的同时附加其他可获取利益的辅助行为，例如，房产租赁情况下，提供房屋修缮管理、清洁等收取费用。买卖不动产情况下，非应税经济管理行为不应包括对不动产进行附加值管理，以提高不动产价值形成与一般建筑营业主体之间的竞争关系。[1]

第三节　日本慈善税收优惠制度

自古以来日本就具有传承民间互助的慈善精神。在日本慈善事业发展中，民间非营利组织发挥了重要作用。日本税法为鼓励非营利组织发展民间慈善事业，给予不同类型的非营利组织以各种税收优惠。

首先，日本慈善税收优惠制度主要分为两大部分：一是针对非营利组织所享有的税收优惠，二是对捐赠行为给予的税收优惠。与法国、德国慈善税收优惠制度依据非营利组织的慈善公益性差别从而在税收优惠上给予区别对待的立法设计不同，日本税法对非营利组织的税收优惠是建立在对其明确的分类之上。又因为日本非营利组织是依据不同的法律设立的，在设立宗旨、性质、社会功能等方面存在差异，所以日本非营利组织税收优惠立法制度更为详细，避免了在税收实务中由于主体及行为性质模糊所导致的税收优惠适用上的不便。

在对日本慈善税收优惠制度做介绍前，本书拟先对影响慈善税收优惠制度确立的非营利组织的情况作出梳理，以便从全局统观该国的慈善税收优惠立法及实施情况。按非营利组织所涵盖的范围，日本将非营利组织划分为四类：一是最狭义上的非营利组织，依据《非营利组织法》所设立的特定非营利活动法人；二是狭义的非营利组织，包括公民活动团体；三是

---

[1] 柯格锺. 非营利组织课税制度之德国法研究 [J]. 成大法学, 2009 (12): 103-151.

广义的非营利组织，包含社会福利法人、民法上的公益法人；四是最广义的非营利组织，除包括以上各类型组织外，还有不以盈利为目的却能够进行盈余分配的互助性组织（协同组织、共济组织等）。[①] 日本实行国税与地税结合的多层级的复合税制体系。在国税层面，日本对非营利组织给予的税收优惠以法人税为主。依据日本《法人税法》的规定，公益法人、特定非营利活动法人所得（会费、捐赠）在原则上是免税的，但这两类法人经营收益事业所得将被征收法人税。依照民法及其特别法所设立的公益法人，经营收益事业（《法人税法》规定的33项事业）被按照22%的税率征收法人税。虽然该公益法人的经营行为被征税，但公益法人被课征的税率比正常的营利性组织的税率低，大大减轻了公益法人的负担。且并非公益法人的所有该类收入都被征税，其中收入的20%将被"视为捐赠"转入非收益事业部门用于公益事业支出，公益事业法人营业所得只有80%按照22%的税率征税。而特定非营利活动法人从事《法人税法》规定的33项事业的所得中，800万日元以内的部分以22%的税率征税，超过800万日元的部分则按正常的经营所得以30%税率征法人税。"视同捐赠制度"只对经过认定的特定非营利活动法人适用。中间法人、未取得法人资格的社团所得在原则上都被课征法人税，不适用"视同捐赠制度"。800万日元以内的部分所得按22%税率征收法人税，超过800万日元的部分适用营利法人相同的30%的税率。在地税层面，非营利组织从事的非收益型事业所得则免于被征收固定资产税、不动产取得税、都市计划税、事业所得税等。

其次，为鼓励企业、个人进行捐赠，日本税法对公益捐赠和一般捐赠行为设置了优惠促进措施，但获得该扣除优惠的条件非常严苛。捐赠者需捐款给国税厅长官认定的符合国税厅认定要件的非营利法人组织。该认证制度，一方面由于判断标准缺乏，加上由国税厅单独行使，该项认证权导

---

① 林淑馨. 日本《NPO》法的实施对非营利组织发展之影响分析 [J]. 第三部门学刊，2007（9）：131.

致受认证的非营利法人组织数量少；另一方面，间接造成无法为捐赠者减轻负担的不利后果。另外，捐赠者还必须满足捐赠额达到一定的数额才能获得优惠的条件。

对公益捐赠的税收优惠主要是税前扣除，大体包括三个方面。一是企业向公益法人或特定非营利活动法人捐款的，可将所捐款项全部在税前予以扣除，个人向公益法人或特定非营利活动法人捐款的，可将捐款超过5000日元部分在年所得30%以内予以税前扣除。二是企业向特定公益促进法人捐款，在满足设定条件的数额〔起捐点 = （资本金×0.25% + 年所得×2.5%）×0.5〕的2倍可予以税前扣除。个人向特定公益促进法人捐款满足设定条件的数额（年所得×30% - 5000）可在应税收入中扣除。三是企业或个人向经认定的特定非营利活动法人捐款可享受上述税前扣除优惠。[①]

关于一般捐赠，在日本泛指企业和个人进行的捐赠，两者在税收优惠上也有不同的规定。企业进行的一般捐赠，日本设定了一个标准条件，符合这样条件的可以享受税前扣除优惠。这个条件规定得比较具体，指符合公益捐赠条件以外的捐赠，主要是在捐赠数额上要达到一定标准，按照公式计算享受税前扣除，其公式与企业向特定公益促进法人捐赠区别较大，标准公式为：

起捐点 = （资本金×0.25% + 年所得×2.5%）×0.5

个人一般捐赠也是指符合公益捐赠条件以外的捐赠，不享受税前扣除。[②]

第四节　国外慈善税制立法带来的启示

慈善组织是一国慈善事业发展的中坚力量，慈善组织与政府间的关系

[①] 廖鸿，石国亮，朱晓红. 国外非营利组织管理创新与启示［M］. 北京：中国言实出版社，2011：60 - 67.

[②] 王向南. 中国非营利组织发展的制度设计研究［D］. 长春：东北师范大学，2014.

直接影响一国慈善事业的发展道路。从各国慈善组织发展状况来看，目前比较典型的就是以美国为代表的独立发展模式和以德国为代表的合作模式。① 据此，国外对慈善税收优惠法律制度的研究主要包括：站在慈善事业发展模式的视角研究一国慈善税收优惠法律制度体系结构；以慈善组织为核心的税收优惠制度；慈善税收优惠的税率形式；慈善税收优惠的税种类型及配套制度。

就慈善税收优惠法律制度体系结构来看，美国的慈善税收优惠制度与其总体税制模式一致。美国的税制结构以所得税为主，所得税尤其是个人所得税收入占总收入的绝大部分。虽然美国没有《慈善法》，但美国《国内税收法典》对慈善税收优惠进行了详细规定。在慈善税收优惠体系结构方面，其确立了以慈善所得税为主的慈善税收优惠制度结构。该慈善税收优惠制度结构与美国以所得税为主的主体税制结构是一致的。这种一致性的税制模式，有助于慈善税收优惠法律制度的具体实施。这也使美国非营利组织获得大量的捐赠，依据都市协会慈善统计国家中心（Urban Institute, National Center for Charitable Statistics）的统计资料显示，在2010年美国的非营利组织共计有1514530家，其中不乏家喻户晓的组织，例如：美国红十字会（American National Red Cross）、大都会艺术博物馆（Metropolitan Museum of Art）、美国律师协会（American Bar Association）、美国医药协会（American Medical Association）、哈佛大学（Harvard University）、美国商会（Chamber of Commerce of the United States of America）等，而这

---

① 界定慈善事业发展模式的主要标准包括慈善组织资金来源、慈善活动开展、慈善组织内部管理及运行方式等。独立模式慈善事业发展资金主要来源包括受赠所得、会费所得、开展公益事业的经营活动所得；慈善活动的开展以慈善组织宗旨为准受政府管制较少；慈善组织内部运营包括人事任免等与政府职能部门没有明确分开。合作型慈善事业发展的资金主要来自政府购买公共服务的经费；慈善公共服务的开展受政府支配；慈善组织内部管理受政府影响较大。但慈善事业发展的这两种模式只是相对而言。通常，一国慈善事业发展选择以某种模式为主，另一模式为辅，并不存在由单一模式发展一国慈善事业。以我国为例，目前我国慈善事业发展主要依靠具有公办性质的慈善组织，其资金来源方面主要依靠政府补贴，慈善活动开展受政府影响，甚至在人事任免上与政府职能部门间存在"两块牌子，一套班子"的情况；但也存在不少独立于政府的民间慈善组织，其开展慈善活动等方面具有较大的独立性。

150 多万家非营利组织的收入加起来超过 165000 亿美元，总资产超过 3810 亿美元。①

就慈善税收优惠的税率形式而言，包括税前扣除、税收抵免、受益方案、指定方案。美国对捐赠者的税收激励主要是税收扣除和税收抵免，联邦税收结构中使用的是税收扣除，而各州和地方政府对这两种激励方式都有不同程度的使用。② 虽然税前扣除能以减少纳税人负担的方式激励捐赠，但大多数国家以限制扣除比例来防止纳税人利用慈善捐赠作为避税工具。限制扣除比例的规定又冲抵该方式所希望达到的激励捐赠目的。与我国单一化税前扣除优惠方式相比，其他国家采用直接减免税的税收抵免方式更能鼓励慈善捐赠，这种方式给予捐赠者慈善税收优惠的幅度更大。虽然受益方案与指定方案③不能使纳税义务人享受实际的税负减免优惠，但可使其获得指定受赠者的权利，并且获得良好的社会声誉。不同的慈善税收优惠方式应针对不同的慈善需求结合税种的税率设计方式来运用，我国应借鉴国外多种优惠方式，并依据实际需求，在不同慈善税收优惠税种中加以协调设计。

第五节 国外慈善税收优惠制度立法经验借鉴

一、慈善事业发展模式对慈善税收优惠制度的影响

慈善税收优惠制度是各国促进慈善事业发展的重要举措。由于慈善事业发展情况不同，各国慈善税收优惠具体制度的内容也大相径庭。但可从两条

---

① Urban Institute, National Center for Charitable Statistics [EB/OL]. http://nccsdataweb.urban.org/PubApps/profileDrillDown.php? rpt = US-STATE.

② 转引自杨利华. 美国慈善捐赠税收扣除制度的考察与思考 [J]. 北方法学, 2016 (3): 67 – 76.

③ 受益方案与指定方案指纳税人可就其实际纳税义务的部分依照规定的比例指定给特定非营利组织享有。

路径发掘这些慈善税收优惠制度的特性。首先,美国慈善事业的特色包括:民间主导型的实践模式、税收激励下的慈善动机和稳定的社会公信力。[①] 以美国为代表的民间主导型慈善事业发展模式下,其慈善税收优惠制度立法宗旨是最大限度激励慈善捐赠。因此,慈善税收优惠的内容以作出慈善捐赠的纳税人的视角展开。无论慈善税收优惠实体制度还是程序制度,都以增强慈善捐赠人获得税收优惠权利为主要目标。社会捐赠是慈善组织获得慈善资源的主要来源,同时作为开展慈善活动的主体——慈善组织,也能获得除受赠所得免税之外的各种税收优惠。其次,与以往政府直接提供公共服务不同的是,在采购公共服务模式下,政府不再自己使用财政资金运作完成公共服务,而是通过合同关系,政府支付资金交由非营利组织或者营利组织等其他主体来提供公共服务。[②] 德国和法国慈善事业发展模式是政社合作型。政府购买公共服务是非营利组织获得慈善资源和开展慈善活动资金的重要来源。因此,非营利组织公共事务能力和社会公信力是其获得政府资助的关键。同时两国慈善税收优惠制度的内容也着重对非营利组织性质及其行为性质进行考察,税务机关依据非营利组织类型和行为性质分别给予税收优惠。

二、以非营利组织为主的慈善税收优惠制度立法

从各国慈善税收优惠制度的内容来看,由于对民间慈善公益事业定位不同,故在税收优惠具体制度上存在明显差别。而一国民间慈善事业地位的重要判定因素就是非营利组织与政府间的关系。这种关系可从非营利组织主要资金来源、数量与规模,非营利组织形式、设立条件,非营利组织运行管理等方面体现。通过上文对国外慈善税收优惠制度的系统介绍可知,

---

① 刘雨时,高小枚. 慈善事业:美、英的实践模式及其启示[J]. 湖南商学院学报,2014(1):80-85.

② 民政部民间组织管理局德国、瑞典考察团. 德国、瑞典政府向社会组织购买服务情况考察报告[J]. 中国社会组织,2013(11):27-30.

美国与法国、德国等欧盟成员国对非营利组织税收优惠的规定存在两种截然不同的模式。美国政府与民间非营利组织之间是一种平等合作的关系，因此非营利组织在服务内容、范围、资源配置的各方面享有较大的自主权。非营利组织所提供的有益公共福利已成为美国民众日常生活中的一部分。但就非营利组织的资金来源而言，美国政府在促进民间非营利组织发展中更多是起到一种催化剂的作用；通过给予慈善、公益性非营利组织及对其捐赠的主体以税收优惠，使其获得慈善资源。并且美国慈善税收优惠制度是一种结构完整、逻辑体系完善、具体制度符合非营利组织发展的典范。其慈善税收优惠制度主要以能够最大限度激励捐赠为主要目的，所以非营利组织的形式和行为方式只要有利于民间慈善、公益的发展，都能获得相应的税收优惠。

与美国慈善事业发展模式不同，德国、法国将民间慈善、公益类非营利组织定位为国家社会保障的补充。而两国非营利组织所得也主要来自政府部门购买其服务的资金。

根据约翰·霍普金斯项目对于所研究年份进行的统计，德国慈善组织平均收入中有32%来自收费，64%来自政府，3%来自慈善捐赠。[①] 此外，依据衍生自"补贴原则"的公共规范，德国地方政府只有在没有其他公共机构提供服务时才能自己去做。德国政府采取招标的方式，让非营利组织去实施项目。非营利组织要获得政府的项目资金，应向政府有关部门递交详细的项目申请书和实施计划。[②] 正因为如此，一方面，非营利组织慈善、公益性所具有的自主性大打折扣。另一方面，税法规制非营利组织的核心内容在于对其资格及行为性质的判定，并且由德国的《税收通则》对慈善、公益做出定义。以此，促使非营利组织作为国家社会保障制度补充作用实现。

法国非营利机构资金主要来自法国政府、地方政府以及社会保障体系，特别是教育、健康和社会服务部门，其他部门资金来源更为多样。而

[①] 王浩林. 支持慈善组织发展的财政制度研究［D］. 东北财经大学，2012.
[②] 周旭亮. 非营利组织"第三次分配"的财税激励制度研究［D］. 山东大学，2010.

在1995~2007年间，法国第三部门与公共权力间的合作增加，公共资金在第三部门资金来源中所占份额增长缓慢，且这一增长在这一时期末停滞，而第三部门也将其合作重心转向中央及地方政府。① 所以，即使法国政府给予捐赠者的税收优惠在世界范围内属高水平，但其捐赠者比例及捐赠金额增长缓慢。例如，个人若是捐款给非营利团体在税务上可扣抵66%的金额，企业则是60%。但若捐助给社会救济团体则可抵扣的额度提高到75%。② 另外，法国人对于捐赠不热衷的主要原因在于国家扮演了普遍利益垄断者的身份。

三、慈善税收优惠的方式多样化

各国慈善税收优惠的内容主要包括两大类，一是以慈善、公益性非营利组织为对象的税收优惠；二是以捐赠主体为对象的税收优惠。就非营利组织而言，通常各国慈善税收优惠制度都在区分的基础上对不同性质、不同行业、不同类别的非营利组织赋予不同税收优惠，同时对同一非营利组织的不同所得来源给予不同税收待遇。但这种区别在各国中有不同的体现，美国慈善税收优惠制度以所得税为主，非营利组织也是以免征所得税为主要税收优惠，其他也包括财产税收优惠制度。但不同类型非营利组织所获优惠不同。依据美国的《国内税收法典》§501（c）（3）条，非营利组织可进一步归纳为公益性慈善组织（public charity）或私人基金会（private foundation）。公益性慈善组织包括：教会、医院、医院附属之医学研究机构、学校、学院和大学；并且具有积极的筹款计划，所接受的捐款来源于多方（包括一般公众、政府机构、企业、私人基金会或其他公益慈善组织）；所获得的收入用以推动该组织的设立目的；积极的资助一个

---

① 法国非营利机构发展状况综述（1995－2007）[EB/OL]. http://www.bnu1.org/profit/comment/89.html，访问日期：2016－12－10.
② 法国非营利组织以及政府与宗教的关系[EB/OL]. http://www.mzb.com.cn/html/report/150528183－1.htm，访问日期：2017－1－1.

或多个现有的公益慈善组织。① 相反，私人基金会通常只有一个主要的资金来源（通常是来自一个家族或公司的赠与，而非来自多方），并且其主要活动是辅助其他慈善组织和个人从事公益慈善活动。② 对于前者，可获得免征联邦所得税的优惠；而对于后者，美国联邦税法规定了私营基金会每年的资产捐赠比例和持有股票的限制要求，以及对私营基金会年度经营状况进行严格审查的办法，实行有别于公共慈善的限制性政策，目的是通过税收优惠和法律管理防止营私行为，最大限度地维护和实现公共利益。③ 美国免税非营利组织营业外所得原则上是被依照一般营业所得课税，但美国的《国内税收法典》第§512（a）（3）（B）条规定，俱乐部、协会、信托等非营利组织为获得免税地位而向该组织成员的被抚养人或者顾客提供货物、设备或者服务对价的应付款、费用及收费或类似款项的总收入免税。此外，在美国，1924年最高法院作出了一个具有里程碑意义的判决，即允许免税的慈善组织从事与其慈善目的无关的商业活动，只要产生于该商事行为的所得最终用于该慈善组织的慈善目的。最高法院认为，是慈善目标而非组织的收入来源最终决定其是否应当享受免税优惠。④

德国非营利组织存在的形式也多种多样，主要包括基金会、社团、公营事业、合作社等。这些非营利组织只要具有促进公益、直接性、唯一性、无私性等德国《税收通则》的规定，就可以申请享受免税优惠。德国对于非营利组织的行为分为积极的财产管理行为和目的经营行为。德国《税收通则》对符合目的的经营行为或者为实现目的行为而行使的财产管理行为所得免税，但对基金会、社团、合作社从事经营性行为所得可从应纳税所得额中扣除一定的金额。

---

① The Internal Revenue Service [EB/OL]. http：//www.irs.gov/Charities-&-Non-Profits/Charitable-Organizations/Life-Cycle-of-a-Public-Charity-Private-Foundation（last visited 1/21/2017）.
② The Internal Revenue Service [EB/OL]. http：//www.irs.gov/Charities-&-Non-Profits/Charitable-Organizations/Life-Cycle-of-a-Public-Charity-Private-Foundation（last visited 8/21/2016）.
③ 王向南. 中国非营利组织发展的制度设计研究 [D]. 长春：东北师范大学，2014.
④ Trinidad v. Sagrada Orden de Predicadores, 263 U.S. 578 (1924). 转引自 A Case Study Of A Private Foundation's Governance And Self-Interested Fiduciaries Calls For Further Regulation.

如前文所述，日本非营利组织设立分别依据不同的法律，故不同类型的非营利组织享受的税收优惠不同，具体包括免税、部分免税、经营所得按低税率征收以及按照一般营业所得征税等。由此可见，大多数国家对符合慈善、公益目的的非营利组织都免征所得税（源于捐赠所得、政府补贴、会费及基于这些所得产生的"被动所得"包括利息、股息、红利、租金等），并允许其从事经营性行为。只是对于非营利组织的经营所得各国的税收优惠制度不同，大致包括免税（通常对所得使用方向有较大限制）、部分免税（用于慈善、公益部分的所得免税而用于私益的部分被征税）、税前扣除、适用低税率（通常）等税收优惠方式。

捐赠主体享受的税收优惠方式包括税前扣除、税收抵免、受益方案、指定方案。税前扣除优惠通常结合了结转扣除制度。税收扣除能激励捐赠，而结转扣除制度使部分不能在当年扣除的捐赠在以后的纳税年度扣除，此制度的设立可鼓励大额捐赠。依据可扣除额的多少分为部分扣除和全额扣除，在实行累进税率的情形下还能降低捐赠者所得税适用的税率等级。目前，大多数国家对捐赠者给予的税收优惠都是税前扣除的方式。只是在扣除比例上各国规定通常分为一般扣除与特别扣除。一般扣除的比例通常显示国家对慈善激励的程度，而特别扣除则更多彰显一国对某些慈善、公益事业的支持。特别扣除越多说明慈善捐赠受国家政策影响越广，慈善也就越被视为社会保障制度的补充。一般扣除的捐赠额可以按一定标准比例抵扣捐赠者应纳税所得额，以达到减轻纳税人税负的目的，而特别扣除享受的扣除比例受捐赠主体、捐赠者捐赠形式、方式，受赠慈善、公益组织性质和所属公益事业类型的影响。慈善、公益性需求多样性以及非营利组织财产管理运作能力增强，加上现代财富形式承载的外在多样性，使捐赠形式也越来越多。但无论形式如何，最终涉及抵扣时都应转化为具体的价值从所得中扣除，因此大多数非营利组织以及税收优惠都更鼓励现金捐赠。又因为实物捐赠、有价证券、无形资产的捐赠涉及估价的问题，捐赠者想获得税收优惠在程序上更复杂。捐赠方式一般分为直接给予受益人的捐赠和通过捐赠给非营利组织并由其具体分配慈善资源的间接捐赠。

各国税法通常只对间接捐赠给予优惠，并且现代慈善方式通常也以间接捐赠为主。因为非营利组织的存在，一方面减少征税机关对捐赠行为——识别的成本，使税收优惠激励慈善捐赠成为可能；另一方面由非营利组织对慈善资源进行分配，提高慈善资源使用效率。随着社会慈善、公益范围的不断扩大，由于非营利组织的目的、宗旨不相同且从事不同的公益事业，因此其也被分为不同的类别。捐赠人对不同类别的非营利组织的捐赠享受的扣除存在差别，而造成这种差别的原因除国家基于社会需求扶持特定公益事业外，某些非营利组织为其存在的延续性也需给予捐赠者较大的税收扣除。

除税收扣除优惠外，税收抵免也是慈善捐赠者可获取的优惠方式。税收抵免是指捐赠者的捐款可从其应纳税额中进行抵扣，而非从应纳税所得额中扣除。在法国，个人捐赠的接收组织如果是非营利组织的协会、宗教、救济和慈善组织等法定的4种组织，其可享受的税收抵免额最高可达捐赠款的40%，但享受这一优惠的捐款不得超过捐赠者的应税所得的5%，而如果个人捐款用来从事其他公共事业，则其可享受的税收抵免额最高仅为捐赠者的应税所得的1.25%。[①] 税收抵免是比税收扣除更优惠的方式，但由于该种方式对国家税收的侵蚀较严重，目前只有少数国家采用此方式。此外，受益方案、指定方案作为一种慈善捐赠税收优惠方式，是指赋予纳税人指定受赠者的权利。纳税人可就其实际纳税义务的部分依照规定的比例指定给特定非营利组织享有。虽然纳税人有权指定接收组织，但这种权利并不能给纳税人带来实际的经济利益，在激励捐赠的效果上次于税收扣除方式。

四、慈善税收优惠的制度结构合理

慈善税收优惠的制度结构内容应当包括税制结构、税种类型、税率形

[①] 廖鸿、石国亮、朱晓红、谢伏瞻. 国外非营利组织管理创新与启示 [M]. 北京：中国言实出版社，2011：151.

式。而能实现慈善税收优惠制度的内容与一国整体税制体系结构上的合理、多方利益的协调、功能互补的目的是不容易的。所谓慈善税收优惠制度的结构合理，是指一国慈善事业领域的税收优惠制度结构应与经济领域的税制结构一致。这种一致性具体体现为，在以所得税为主的税制结构国家，其慈善税收优惠制度也主要以慈善所得税为主。一国慈善事业领域税收优惠的制度结构需与经济领域的税制结构保持一致性基于以下原因：一是由于主体税制往往是一国主要的税源，因此慈善税收优惠制度与主体税制结构的一致性不仅能使慈善法律关系主体获得最大限度的优惠，而且使一国税制内在结构变得合理；二是这种一致性也使慈善税收优惠制度的实施更顺畅，使捐赠人与非营利组织获得优惠在程序上更为有效。因为主体税制在税收征管的立法及实施中更为规范和高效。虽然不同国家税制结构不同，但就目前而言，大多数国家是以所得税作为慈善税收优惠制度的主要税种。因为所得税无论税负还是税收优惠都能使纳税人直接感受到，特别是捐赠人以其所得进行捐赠更能彰显其对社会的责任感，而税负优惠直接使其获得除道德满足感之外的经济利益。美国、日本、德国的税制结构都是以所得税为主，而这些国家慈善税收优惠制度同样也是以慈善所得税为主。具体表现为非营利组织各类所得或者被免税或者以低税率被课所得税，捐赠人进行的捐赠也可获得所得税前扣除、所得税收抵免等优惠。虽然慈善税收优惠制度以所得税为主，但其他税种并没有因此被排除在外。各国财产税、商品税中同样对非营利组织、捐赠主体给予相应的税收优惠。在法国，遗产及赠与税法、土地税法、营利事业税法、营业税法、动力车辆税法等均给予非营利组织税收优惠。

五、慈善税收优惠制度的体系完整

一般而言非营利组织都是以慈善、公益活动为宗旨，但由于管理水平、财产募集和运作能力、慈善需求信息收集处理水平上的差异，导致非营组织在业务能力上参差不齐。因此，各国对非营利组织获取税收优惠的资格都设置一定的条件。通常非营利组织获取税收优惠的内容包括两方面：一是自身免税资格，二是税前扣除资格。美国非营利组织需向国内税务局提出免税申请，只有通过国内税务局审查之后才能获取免税认定证明。虽然将非营利组织获得税收优惠的审核权力赋予税务局单独行使，但对获取该税收优惠的非营利组织的设立、运营规定了详细的条件，从而减少了实务中非营利组织与国内税务局之间就审核结果的争议。美国财政部施行细则规定，非营利组织设立需符合两项规定：一是组织章程必须限制组织设立目的是致力于一项或多项被允许的减免优惠目标［Treas. Reg. §501（c）（3）-1（a）］。二是除小部分的活动外，组织章程不得明确准许组织从事一项或多项被允许的减免优惠目标无关的活动［Treas. Reg. §501（c）（3）-1（b）（1）（i）（A）］。该无关的活动是指盈余分配的限制、参与政治活动的限制（影响立法活动、参与政治竞选）。除此之外，如果非营利组织从事无关业务将依据《国内税收法典》第511条规定被课征无关业务所得税。美国的《国内税收法典》§513（a）条规定，无关业务有三个要件：一是非营利组织从事贸易或商业活动；二是非营利组织经常性地从事该活动；三是该商业活动与其创设目的无重大关系［Treas. Reg. §1.513-1（a）］。即使获得免税资格，国内税务局在每个纳税年度也会定期或不定期对非营利组织的活动按照以上标准进行检测，发现违法行为会给予限期改正、罚款甚至取消免税资格的处罚。在日本，2012年实施的《NPO修订法》，废止了原来的国税厅认定制度，将税收减免资格认定权利交给地方自治体。① 同时，该法引入认定机制和临时认定机制，税收优惠政策的认定条件也逐步放宽，优惠幅度逐步扩大。获得认定资格的法人可以在5年的认定有效期结束前的3~6个月内提出续期申请；对于一些难以满足认定标准的社会组织，可以选择申请临时认定，也可以获得一定程度的税收减免。由熟悉地方事务的自治体认定非营利组织

---

① 张豪，张向前. 日本非营利组织监管机制创新及启示［J］. 国外社会科学，2016（2）：28-34.

能减少政府管理成本，另外，对申请者而言，向地方自治体申请能够提高获得认定的效率。此外，创新"临时认定"制度是一项有利于扶持初创期非营利法人发展慈善事业的有效方法。

本章小结

与我国自上而下的慈善事业发展轨迹不同，美国或者欧盟国家、日本的慈善事业发展主要还是在自下而上、自主运动的过程中产生的。两种不同发展轨迹下慈善税制呈现不同的特性。美国慈善税制最大的特性是与主体税制结构一致。在联邦税收收入中，个人所得税一直以来就是主体税种，是联邦财政收入的主要税收来源。在个人所得税中有关慈善税收优惠的规定从税收优惠形式、获得税收优惠的主体等内容非常详尽，当然这与慈善事业发展程度相关。且所得税作为一种直接税，以个人或企业应纳税所得额为计税基础，慈善税制通过给予纳税人的捐赠行为以优惠能有效激励捐赠行为。但这并不意味着只有所得税或直接税才适合作为慈善税制的主要内容，许多欧洲国家在流转税中也设置了慈善性的优惠规定。在所有税税种中，流转税的征税范围最广，几乎涵盖了所有商品和服务，在流转税中设置慈善性优惠规定有利于丰富慈善捐赠的形式，扩大慈善资源的规模。只是与所得税以有效识别和判定组织的性质为基础，从而给予慈善税收优惠不同，流转税是以市场交易行为为基础构建的，在流转税中设计慈善性税收优惠制度应有相关的匹配制度对行为的公益性和营利性作出明确的判定，使慈善流转税得以具体实施。

无论是自上而下的政府推动型慈善事业发展路径，还是自下而上的自发性慈善事业发展路径，慈善组织都是支撑慈善事业发展最重要的主体。因此，以慈善组织为核心构建慈善税制是使慈善税制体系完整、结构合理、重点突出的重要方法。日本慈善税制中有关非营利组织的税收优惠规定主要以非营利组织有效划分为基础，对不同类型的非营利组组依据不同的慈善活动范围设计差异性税收优惠方式。这有利于平衡从事不同慈善活动的非营利组织之间的公平性,同时也为慈善事业领域各部分均衡发展起到促进作用,为高质量慈善事业发展奠定基础。

第六章

中国慈善税收优惠制度的完善

作为我国慈善事业未来发展的主要目标,高质量慈善事业所追求的价值理念与发展方式对慈善税收优惠制度提出了新的要求。高质量慈善是一种民间主导型慈善事业发展方式,慈善资源主要源于慈善募捐。为满足慈善事业高质量发展需求,我国应针对目前慈善税收优惠制度存在的不足予以完善。具体内容包括:一是针对我国现行慈善税收优惠税制结构不合理的现状,结合我国慈善事业高质量发展目标,确立科学的慈善税收优惠法律制度指导思想。二是以我国慈善事业发展现状为基础,明确慈善税制立法体系、税制结构与基本原则,厘定慈善税制的立法目标,作为改革和完善慈善税制的准则。三是在科学的指导思想和明确的基本原则下,梳理慈善税制立法目标,明确我国慈善税收优惠具体制度改革和完善的具体内容。

第一节 科学确立慈善税收优惠制度的指导思想

虽然慈善税收优惠制度结构并不在具体规定上影响慈善法律关系主体享受税收优惠,但它是指导我国构建完善的适应我国慈善事业发展的慈善税收优惠法律制度体系的重要思想。由于我国现行税制体系是在分税制改革背景下建立的，税收的功能以组织国家财政收入为主。因此，在许多税种中缺乏慈善税收优惠的内容。在新一轮财税体制改革的背景下，我国提出了要提高直接税比重的决定，这为完善我国税制结构和慈善税收优惠制度结构提供了契机。

一、税制结构调整是我国慈善税收优惠法律制度结构完善的前提

合理的税制结构建立在对经济发展规律的把握上，并以减少对经济行为的扭曲为基本要求。自分税制改革以来，我国一直是以商品税为主的税制结构体系。尤其是增值税的税收收入占我国总税收入的40%以上。因为增值税避免了传统流转税的重复课税弊端，具有不改变产品和服务之间相对价格的中性优点。中性特质的增值税对我国经济稳定增长功不可没。但偏重流转税的税制结构不利于税收再分配职能的发挥，有必要调整所得税、提升所得税在收入分配中的调节作用。[①] 党的十八届三中全会通过的《中共中央关于全面深化改革若干重大问题的决定》提出要"逐步提高直接税比重"，并将之作为完善税收制度的内容之一。直接税遵循量能课税原则，具有公平税负、调节社会财富分配的特殊功效。在慈善税收优惠立法中，将直接税作为纳税人享受税收优惠的主要内容，一方面能够增强直接税调节财富的功能，另一方面，对于纳税人的税收减免能激励慈善捐赠并促进慈善事业的发展。而综观慈善事业发达国家的慈善税收优惠制度，直接税尤其是慈善所得税一直是这些国家发展慈善事业激励慈善捐赠的主要税种。我国慈善所得税同样也是目前支持我国慈善事业发展的主要税种。现行税制结构调整能使慈善税收优惠制度的完善搭上直

---

① 何自强．税制结构国际发展新趋势与中国结构性减税之政策取向［J］．现代财经（天津财经大学学报），2011（10）：24–31，76．

接税比重提高的"便车",并借此比重增加扩大慈善、公益性非营利组织和捐赠主体享受税收优惠的范围、幅度,增强慈善税制促进慈善事业发展的效应。

直接税比重的提升,除能增大其调节财富分配的功能,并使慈善法律关系主体享受比以前更多的税收优惠外,也预示着过去税收以组织国家财政收入为主的目的逐步向税收调节收入分配的功能转变。即我国各税种会将调节收入分配功能作为将来税收立法的一项重要宗旨,因此目前我国商品税与财产税中慈善税收优惠内容缺失的不足会得到改善。随着商品税与财产税组织国家财政收入功能的下降,调节收入分配功能地位的上升,慈善税收优惠制度作为调节收入分配的重要制度势必会在将来商品税、财产税立法中作出规定。直接税比重提升后,未来我国税制结构发展方向是以所得税和增值税为主体税种的双主体模式。通过对国外慈善税收优惠制度结构与一国主体税制结构的关系分析,本书认为我国应当建立与主体税制结构相一致的慈善税收优惠制度结构,即我国慈善税收优惠制度结构应当以慈善所得税和慈善增值税为主。

除此次税制结构调整对慈善税收优惠改革有益外,党的十八届三中全会明确规定,要落实"税收法定"原则,意味着以条例存在几十年的税收法规将改为法律条文。目前我国已经立法的税种包括企业所得税、个人所得税、车船税、烟叶税、契税、环境保护税等。当前我国税收立法文件的具体规定大都缺乏慈善税收优惠的内容。慈善组织和捐赠者适用法律规定存在风险,这是掣肘我国慈善事业高质量发展的重要因素。此次法规清理工作与税收法定原则的提出无疑将改变我国整体税制体系。全面性的税收立法工作将展开,新的立法宗旨、价值目标、具体制度等会依据经济发展与社会需求被重新定义。慈善事业发展应借此机会从慈善功能、理念上谋求与税法价值观的协调,以此为基础提出对税法的要求。将慈善事业发展与税法从整体与局部、结构与逻辑、制度间的内在联系上进行统一,形成具有中国特色的慈善税收优惠法律制度体系。

二、《慈善法》及配套制度的实施为慈善税收优惠制度的完善指明方向

《慈善法》已经于十二届全国人民代表大会第四次会议通过,并规定自 2016 年 9 月 1 日起施行。作为引导社会慈善事业发展的基础性、综合性法律,《慈善法》的立法指导思想贯彻十八大和十八届二中、三中、四中、五中全会精神,坚持共享发展成果,立足中国国情和实际,创新慈善事业制度,发挥慈善立法的引领和推动作用。《慈善法》立足于我国处于社会主义初级阶段基本国情,在对慈善活动范围界定中突出了"扶贫、济困"作为目前我国慈善事业重点发展的目标;为辅助慈善事业发展的相关立法指出方向。同时,《慈善法》对慈善事业发展的管理体制与制度创新,也表明未来我国慈善事业发展模式是民间主导型。

首先,《慈善法》明确了通过税收优惠方式对慈善捐赠行为进行激励。目前,我国慈善税收优惠按一定的标准分为:按项目实施的税收优惠政策;按行业实施的税收优惠政策;按税种的税收优惠政策。依据《慈善法》立法指导思想,未来我国慈善税收优惠制度应加强对慈善组织开展扶贫、济困活动的优惠力度,同时对捐赠者资助慈善组织实施该类慈善活动的捐赠行为给予更大优惠。

其次,立法确立了"大慈善"理念,除扶贫济困、灾害救助外,科教文卫、环境保护、污染治理等都被纳入慈善活动的范围。这就意味着,将有更多不同领域的慈善组织能够享受《慈善法》所规定的税收优惠。我国税收立法应对《慈善法》的这一内容创新作出回应,扩大享受税收减免优惠的非营利组织的类型以及数量。

再其次,从《慈善法》对慈善事业体制机制的创新来看,这些创新性内容畅通了社会资源进入慈善领域的通道。《慈善法》所规定的慈善信托,创新并弥补了《中华人民共和国信托法》对公益信托的规定,破除了束缚慈善信托发展的阻碍。创新方面,一是改变以往公益信托的审批制为备注

制度；二是信托监察不再为慈善信托的必设机构。这些创新内容降低了慈善信托的设立门槛、管理成本。制度完善方面，《慈善法》明确以民政部门作为慈善信托的管理机构。这些内容的更新与完善解除了委托人设立慈善信托的后顾之忧。但《慈善法》将慈善信托单独设一章，使慈善信托独立于慈善组织，慈善信托并不属于慈善组织的一种类型。因此，现行有关慈善组织的税收优惠政策并不适用于慈善信托。所以，我国目前缺乏有关慈善信托享受税收优惠的规定。

最后，《慈善法》对企业、个人、其他社会组织无法享受全额扣除的情形规定了结转扣除的制度。该新制度在慈善税收法律体系中尚属空白。因此，为衔接《慈善法》慈善新理念、新制度对慈善税收优惠制度提出的新要求，应对我国现行慈善税收优惠制度进行相应的完善。此外，《慈善法》规定了多种捐赠形式，包括实物、有价证券、知识产权等有形资产和无形资产。而我国税收制度缺乏与这些捐赠形式相对接的制度，例如，实物、有价证券、知识产权捐赠的价值评估制度。慈善税收优惠立法应考虑完善与这些捐赠形式配套的具体制度。在《慈善法》实施前一大批配套文件也出台了，包括《慈善组织认定办法》《民政部关于慈善组织登记等有关问题的通知》《慈善组织公开募捐管理办法》《公开募捐平台服务管理办法的通知》《关于慈善组织开展慈善活动年度支出和管理费用的规定的通知》等。这些文件使《慈善法》中的具体制度得以落实。特别是《慈善组织认定办法》《民政部关于慈善组织登记等有关问题》的通知文件，对慈善组织资格认定条件、程序进行明确。改变以前慈善组织的"双重管理体制"，而由县级以上民政部门作为慈善组织的登记机构。慈善组织登记、认定条件及管理部门的明确，体现了社会管理制度改革的要求，厘清了过去在"双重管理体制"下，慈善组织无法获得真正独立的法律地位，行为受制于政府，致使慈善组织实质上沦为政府职能部门的非独立状态。为使慈善组织真正能够发挥提供慈善服务、反映慈善诉求、促进社会和谐的功能，《慈善组织公开募捐管理办法》《公开募捐平台服务管理办法》等规范了慈善组织开展公开募捐活动的行为，明确了慈善组织获得公开募捐资格的条件、程序。《慈善法》及相关文件的实施使慈善组织独立性获得法律认可，慈善组织开展慈善募捐活动、组织慈善活动、使用慈善资金的自主性权利更强。慈善组织法律地位及性质的明晰化、慈善行为的规范化，为我国现代慈善事业发展奠定了基础，同时也成为慈善税收优惠法律制度调整的一个重要前提。《慈善法》及配套制度的实施，在将来必定能够改善我国目前慈善组织业务能力良莠不齐，无法承担公共事务的职责的现状。因此，慈善税收优惠法律制度的改革应摘掉以前对民间慈善组织业务能力不足与运作不规范的"有色看法"，并完善免税资格及税前扣除资格相关制度，使民间慈善与公办慈善获得相等的税收优惠待遇。

总之，我国慈善税收优惠法律制度的完善应以调整目前慈善税收优惠的体系结构为基本前提，增加慈善商品税收优惠立法制度的内容，使其与慈善所得税收优惠制度共同作为我国慈善税收优惠制度结构的共同主体。尤其是针对有关实物捐赠、无形资产捐赠、有价证券捐赠方面的商品税、财产税和行为税等税种的优惠法律制度缺乏的问题，应借我国税收全面立法之机弥补增值税、消费税、房产税、契税、城镇土地使用税、土地增值税、耕地占用税、印花税、车辆购置税、城市维护建设税及教育费附加等税种中有关捐赠人进行慈善捐赠获得税收优惠的制度，以及慈善组织接受、处理这些捐赠所能享受的税收优惠。同时，在慈善权力下放的基础上，无论是慈善税收优惠立法还是相关执法行为，都应当对经过登记的慈善组织一视同仁，在免税资格和税前扣除资格赋予上不应带有偏见，改变以前"免税资格认定的范围较小，特别是能获得公益捐赠税前扣除资格的数量有限，只有大部分的基金会和少数社会团体能够获得"[1]的现状。扩大慈善税收优惠法律制度的惠及面，使更多的受惠主体、捐赠形式、慈善活动能获得一定的税收支持。而且，针对目前优惠税率单一的弊端，创新慈善税收的优惠税率，使不同形式的捐赠与不同方式的捐赠都能被调动起来。

---

[1] 马昕. 慈善组织的税收调节与跨部门认定监管［J］. 中国民政，2016（4）：26-27.

第二节　厘定慈善税收法律制度的基本原则

财税体制改革提出提高直接税比例成为我国慈善税收优惠法律制度完善的契机；《慈善法》及相关配套制度的出台，为我国慈善税收优惠具体法律制度的完善指明方向。高质量慈善事业发展的目标定位，为扩大慈善事业规模而发展的科技慈善、商业慈善，等等，这些都是慈善税收优惠法律制度改革应秉持的基本原则。高质量慈善事业发展目标要求慈善税制具有激励慈善捐赠的功能和规范慈善组织活动的作用。捐赠形式多样性、捐赠方式的自由性与慈善组织活动领域的广泛性等是支撑慈善事业发展的基本要素，也是推动慈善事业高质量发展的前提。具有激励作用的慈善税制应对新兴的捐赠形式、不同捐赠方式的慈善行为具有包容性，不断扩大慈善事业发展规模；同时慈善税制要对科技慈善、商业慈善等新兴业态的慈善活动进行规范，这要求提升慈善税制立法的明确性，防止慈善税制沦为避税手段。

一、基本原则确立的标准

首先，慈善事业高质量发展应转变过去公办慈善下慈善税收优惠制度的立法视角。即在慈善税制立法领域应转变以组织国家财政收入为目标的定位，慈善税收优惠不应被作为一项政策丧失其所具有的独立价值追求，失去正当性和合法性。慈善事业高质量发展的路径是以民间慈善组织和社会捐赠为主要动力，该模式下国家在慈善事业发展中的主要作用应当是制度供给，为慈善事业发展创造良好的制度环境，特别是构建适应慈善事业发展的慈善税收优惠法律制度体系。就我国而言，在财税体制改革逐步强化税收调节收入分配功能的前提下，国家在构建促进现代慈善事业发展的慈善税收优惠法律制度时，需转变过去国家税权主导税收优惠立法的视角，改为从慈善捐赠人、慈善组织的角度对慈善税收优惠法律制度进行完善。适当扩大慈善捐赠人享受税收优惠的税种和提高享受税收优惠的范围，以弥补现行我国慈善捐赠税收优惠的不足。但转变慈善税收优惠立法的视角并不意味着弃国家征税权于不顾。作为税收调节收入分配制度的重要构成部分，慈善税收优惠法律制度实际上是以减少国家财政收入为代价的一种社会财富调整方式。该税收优惠制度的确立涉及国家财政收入利益与慈善捐赠人、慈善组织税收优惠利益的平衡；且只有平衡多方利益，慈善税收优惠法律制度对慈善捐赠人和慈善组织赋予的优惠才能获得正当性。因为税收立法要兼顾国家利益、公共利益、第三方和纳税人利益，以期达到各方共赢。① 且罔顾国家税权的慈善税收优惠制度会加重国家的财政负担，影响社会财富的第二次分配，② 使慈善税收优惠法律制度的正当性被减损。所以，慈善税收优惠法律制度立法应当确立利益平衡的基本原则。

其次，受法律工具主义思潮的影响，目前慈善税收优惠立法存在政策化、决策过程随意性和技术与内容不足，导致实际运行存在困难。因此，当前我国应当对这种背离税收法定原则的慈善税收优惠制度回归税收法制的轨道，完成向慈善税收优惠法制化的转变。但对于促进慈善事业高质量发展而言，政策法制化转变只是第一步。依据现代慈善事业发展要求，慈善税收优惠应当是内容完整、结构统一、逻辑体系严谨的法律制度体系。而检验立法完备的标准是符合结构主义的内在要求。按照结构主义的要求，优良的法律制度应该具有结构上的均衡性。结构均衡是从结构主义的具体化，强调任何事物都是由具体部分所组成的结构系统，各个具体部分之间应该形成一种和谐统一的内部关系，相互之间应该尽可能实现效益的激励。③ 按照结构均衡主义的要求，我国慈善税收优惠具体制度应改变政

---

① 陈清秀. 现代税法原理与国际税法 [M]. 台北：元照出版有限公司，2010：5.
② 叶姗. 社会财富第三次分配的法律促进——基于公益性捐赠税前扣除限额的分析 [J]. 当代法学，2012 (6)：117–126.
③ 王霞. 税收优惠法律制度研究——以法律的规范性及正当性为视角 [M]. 北京：法律出版社，2012：53.

出多门的现状，对涉及税收基本制度的内容应进行立法规定，同时从文件数量上控制慈善税收优惠的规模；另外协调目前国内慈善税收优惠具体规定之间的矛盾；同时为保障慈善税收优惠制度的实施，应均衡实体性规定和程序性规定，提升捐赠人和慈善组织税收优惠的获得感。慈善税收优惠作为一种打破正常税收秩序的规定，其存在的正当理由源于立法者对税收相关利益冲突的权衡，而权衡过程就是对各方利益的平衡和协调。因此，利益平衡原则必然贯穿于整个慈善税收优惠法律制度体系。如果说利益平衡原则回应了慈善税收优惠法律制度的正当性要求，则对结构均衡原则的遵循使慈善税收优惠具有作为法所应有的规范性，并且慈善税收优惠规定外在形式的均衡性是确保其利益得以平衡的保障。

二、利益平衡原则——慈善税收优惠法律制度的正当性要求

"趋利避害是人类的自然本性，协调和控制相互冲突的诸利益是社会得以存在和发展的必然条件。社会通过其公共权力机构——国家来处理利益问题的主要方式之一就是立法。调节各种利益是立法的核心问题，利益关系基于法律调整才可得到健康的发展。"[①] 尤其是，慈善税收优惠制度具有财政逆向性。如何协调以税式支出的方式激励慈善事业发展与国家财政收入之间的矛盾，成为慈善税收优惠法律制度建立需要解决的问题。更何况在过去，我国税收立法一直以国家征税权为中心，以纳税人的纳税义务为核心内容。这种国家主义的税收立法和执法模式同时也影响了以前慈善税收优惠制度立法。以目前我国非营利组织所得免税资格获取及所得免税优惠的规定为例，非营利组织申请获得免税资格需要经过多个部门审核，申请条件过于严格但事后又缺乏监管，这导致我国获得该免税资格的非营利组织数量有限。另外，《关于非营利组织企业所得税免税收入问题

---

① 劳伦斯·M. 弗里德曼. 法律制度 [M]. 李琼英，林欣，译. 北京：中国政法大学出版社，1994：1-5.

的通知》规定了免税的类型仅仅包括捐赠的收入、会费、银行存款利息收入等。非营利组织以慈善目的进行的积极的财产管理所得将被征收各种税。在慈善税制立法中强调国家征税权的理念，将影响慈善税制对我国高质量慈善事业发展的助推效应。值得关注的是，目前我国税法理念正朝着以纳税人权利为中心转型，这意味着在税收法律关系中国家征税权与纳税人之间的地位正朝着合理化方向发展。税收法律制度的内容不再唯国家财政收入是从，慈善税收优惠法律制度的规定可凭借该税收立法理念的转型变得更合理。为正确处理税收立法平衡慈善税收优惠与国家税收收入之间的利益冲突问题，本书认为，可借鉴利益平衡工具——比例原则，对将来慈善税收优惠规范的目的和手段进行审查，其主要内容包括：（1）必要性。必要性是对税收特别措施进行合目的性审查。（2）适当性。适当性要求税收特别措施满足最小损害原则，将对量能课税或税收公平的影响缩小到最低限度。（3）衡平性。衡平性禁止目的与手段的过度，它审查公权力所欲达成的公益与人民因此所受的侵害。[①] 就我国慈善税收优惠立法而言，比例原则审查的核心内容在于其适当性与衡平性。而要符合这两项标准，慈善税收优惠制度应坚持税收公平原则和税收效率原则。

  首先，慈善税收优惠立法应符合税收公平原则。在现代化进程中，税收公平原则也由最初的使纳税人之间的税负保持均衡，扩大到现在的保证国家与纳税人之间征纳税地位的公平。慈善税收优惠法律制度的规定同时也应处理好这两项关于公平的内容。一是针对我国目前慈善税收优惠法律制度对公立慈善组织与民间慈善组织之间存在的差别对待问题，在《慈善法》统一慈善组织设立条件之后，慈善税收优惠制度的重新立法也应当对不同类型的慈善组织一视同仁。二是对慈善组织免税资格或税前扣除资格获取条件的设立、申请程序规定、审批权限的分配等方面应以方便慈善组织为基本准则，不再因国家财政中心主义妨碍慈善组织获得免税资格和税前扣除资格。

[①] 刘剑文，熊伟. 税法基础理论［M］. 北京：北京大学出版社，2004：145.

其次，慈善税收优惠立法符合税收效率原则。这里的税收效率不是以提高经济效益为主要目的，而是包括促进慈善组织顺利开展慈善活动，税式支出所带来的慈善效果应比以税收的方式达到的公益目的更有效，慈善税收优惠的方式能真正起到激励捐赠的作用。为方便慈善组织开展慈善活动，慈善税收优惠法律制度应以规则简便、具体制度简化为原则。现代慈善事业的发展注重科学化、专业化、高效率的开展慈善活动。因此，简单的制度规定有利于慈善组织和捐赠获取优惠的及时与方便。另外，依据非营利组织获得税收优惠的补贴理论，国家以税收优惠的方式让渡财政收入是因为以该方式鼓励慈善事业发展比其他财政直接补贴方式更有效。依据著名的非营利组织研究专家霍普金斯的观点，对非营利组织的税收优惠被视为一种间接性财政补贴。[①]与财政拨款不同的是，霍普金斯的补贴理论所隐含的要求还包括非营利组织所从事的慈善事业应该是有效率的。在此，虽然直接补贴和间接补贴都能对捐赠者进行激励，但间接补贴的税收优惠方式更有利于政府调节慈善资源的分配。因为在政府补贴存在多种形式的情况下，非营利组织从事的慈善事业如无法满足慈善资源有效利用的目的，则政府或许应该采取其他补贴形式。税收优惠方式的多样化是捐赠形式多样性的必然要求。多样性的税收优惠方式能激发不同捐赠群体、不同捐赠形式的慈善志愿，扩大慈善规模。

三、结构均衡原则——慈善税收优惠法律制度的规范性要求

慈善税收优惠制度的分散及其所造成的对各类慈善组织和捐赠人享受税收优惠上的差别对待，以及慈善捐赠获得税收优惠相关配套制度的缺失，导致了税前扣除困难等问题。解决这些问题的症结是需要从慈善税收优惠法律制度结构上进行调整，以保持立法体系的完整性和协调性。在内

---

① B. Hopkins. The Law of Tax Exempt Organizations [M]. Wiley, 1987: 5.

容上需要考虑均衡各类慈善税收优惠制度在不同法律形式中的分配，另外，兼顾慈善税收优惠实体法律制度与程序性制度间的衔接问题。

作为税法制度的构成部分，慈善税收优惠法律制度在不同法律形式中的均衡分布应当遵循税收立法的基本原则。首先，坚持税收法定原则。法律层级方面，在不同税种立法中，应衔接《慈善法》对慈善组织及捐赠人享受税收优惠的规定进行分类细化。特别是对需要得到持续性税收优惠支持的公益事业，例如，《慈善法》规定的促进教育、科学、文化、卫生、体育等事业的发展；防治污染和其他公害，保护和改善生态环境。我国现行的《中华人民共和国立法法》（以下简称《立法法》）规定，"税种的设立、税率的确定和税收征收管理等税收基本制度"只能制定法律。因此，这些现代慈善事业的慈善税收优惠制度促进措施应当被列入常规性立法中确立。另外，考虑到我国处于社会主义初级阶段国情的现实，扶贫、济困成为我国慈善事业重点发展的内容。税法应规定开展此类慈善活动的捐赠享受更好的税收优惠，包括优惠的方式是税基减免、税率减免或税额减免以及具体的减免计算方式等都应在法律文件中明确。否则，再以行政规章或其他方式进行规定将存在法律效力冲突，以及慈善税收优惠法律制度体系结构混乱的情形。

其次，均衡慈善税收优惠实体性立法与获得慈善税收优惠的程序性立法。目前，我国慈善税收优惠获取存在程序不明、审批主体间权力结构混乱、异地捐赠抵扣困难等问题。在慈善税收优惠实体法律制度肯定了税收优惠享有的主体包括慈善组织和捐赠人时，慈善税收优惠程序性立法应对慈善组织获得免税资格和税前扣除资格的条件进行明确，并且应建立慈善组织对审批主体审核结果的异议机制，以救济其税收优惠获取权利；在慈善税收优惠实体性法律规范对捐赠主体的各类捐赠形式给予税收优惠的前提下，程序性立法应当对非货币性捐赠的估价方式及原则作出规定，以实现捐赠者获得实际税收优惠的目的。

第三节 慈善税制立法权配置

　　慈善税制立法权的配置事关慈善税制本身的合法性、体系性、完整性和科学性，这也是慈善税制优化的重要内容。因此，慈善税制立法权应当秉承良法善治的终极目标，以规范和激励慈善事业高质量发展、促进慈善再造为过程目标，以慈善税制立法权科学配置为起点目标进行合理分配。首先，作为一种常态化的税收优惠法律制度，慈善税收优惠应当法定化，即通过立法的形式确定慈善税制，使其具有稳定性。因此对慈善税制立法应遵循《立法法》关于立法权分配的规则。其次，慈善税制立法权是税收立法权的一种，需结合税收立法的规律确定慈善税制立法权的配置。最后，慈善税制作为税收减免立法权的内容，应当归到税收减免优惠立法权的配置当中。据此，本书认为，慈善税制的内容应出现在正式的税收立法文件中，并且由立法主体——全国人大及其常委会确立，以保证慈善税制的稳定性。另外，基于慈善资源需求的不确定性，应赋予财税部门相机调整优惠幅度的权力，确保慈善税制的灵活性。再者，慈善税制的配套制度，例如免税资格、税权资格获取等配套制度，会直接影响慈善资源募集、慈善活动的规范性等内容，应当由财税部门会同慈善主管部门在互通信息的基础上联合制定，共同实施。这样有助于调节慈善资源的取向，有效分配慈善资源，规范慈善事业的发展。

第四节 慈善税收优惠具体法律制度的完善

　　党的十八届三中全会关于财税体制改革的要求是我国慈善税收优惠制度结构完善的重要前提，为我国慈善税收优惠制度结构转变并保持与主体税制结构相一致提供了契机。基本原则的厘定能保障慈善税收优惠具体法律制度不偏离其作为慈善法律制度应具有的价值追求。总之，指导思想的确立与基本原则的厘定是我国慈善税收优惠具体法律制度完善的基础。

一、制度结构完善：以慈善所得税与慈善商品税为主的模式

（一）建立慈善税收优惠"双主体"模式

虽然将慈善所得税作为一国慈善税收优惠制度结构的主体是美国、德国、日本等国家的通常做法，但与这些国家的税制结构均以所得税为主不同，我国自分税制改革以来就是以流转税为主的税制结构，因此，我国形成了慈善事业领域的税收优惠制度结构以所得税为主，市场经济领域税制结构以流转税为主的双重税制结构体系。但以目前我国所得税占税收总收入比例偏低的现状来看，慈善所得税优惠制度为主的结构并不利于发展我国的慈善事业。虽然财税体制改革提出要提高直接税的比重以增强其调节收入分配的功效，但这仍然无法改变我国慈善事业领域税收优惠制度结构与主体的流转税为主的税制结构的分离。国外的立法经验已经告诉我们，只有协调统一的税制结构体系才能更好地促进慈善事业发展。因为慈善领域与市场经济领域税制结构的一致性有利于慈善税收优惠制度的均衡分布，最大限度保障慈善组织和捐赠人享受税收优惠的范围。另外，与主体税制结构保持一致能够优化慈善税收优惠法律制度，并且使慈善法律关系主体获得优惠更有保障。

我国税制结构未来的发展方向是"双主体"模式，即以所得税为主的直接税和以增值税为主的间接税模式。[1] 我国慈善税收优惠法律制度结构

---

[1] 樊丽明，李昕凝.世界各国税制结构变化趋向及思考[J].税务研究，2015（1）：39-47.

应以此作为目标,通过完善个人所得税等直接税立法,并在增值税、消费税等间接税种立法中增加慈善税收优惠制度的规定,并且要充分发挥各税种对慈善促进的可能性,形成以慈善所得税与慈善流转税为主的"慈善双主体",以及以慈善财产税、慈善行为税为重要补充的高质量"双主体"慈善税收优惠法律制度体系。新修订的《个人所得税法》已经初步建立起综合与分类相结合的个人所得税制,明确工资薪金、劳务报酬、稿酬、特许权使用费的综合所得适用七级超额累进税率,拉宽了每一级次所得间距,维护广大中低等收入群体利益,体现了个人所得税纵向分配公平的立法目标。同时个人所得税还建立了专项扣除和专项附加扣除的机制,增强了横向分配公平,提升了免征额档,减轻了中低收入者的税收负担。综合所得税制相比于分类所得税制,由于考虑了个人背后的家庭支出与负担,更符合量能课税的原则,有利于发挥调节分配、促进税负公平的功能。我国个人所得税制度改革中,对于慈善捐赠可考虑将捐赠额作为一项专项附加扣除。一般而言基本扣除针对的是生计费用,而专项附加扣除的原则是将个人生活的必要成本充分考虑进个人所得税扣除中,所以专项附加扣除更加注重扣除的必要性与公平性。必要性以扣除的内容必须与必要生活成本为限,而公平性涉及每个纳税人可能面临的成本费用。与古代特权制慈善理念不同,现代慈善并非富人或特权阶级的权利,中低收入家庭也能力所能及为社会贡献力量,这是现代社会表达责任的一种方式。更何况各收入层级家庭的经济状况并非一成不变,随着家庭人员收入状况的改变其经济能力也会随之提高。进行捐赠的家庭会在一定程度上减少其经济负担能力,因此扣除该捐赠额具有必要性。此外,该税收扣除制度的存在能够为慈善精神在家庭单位中的传承起到积极作用。这样对整个社会层面形成互助和谐的局面大有裨益。以增值税为主的间接税由于具有税负转嫁特质,并由此导致累退效应。为缓解该累退效应、增加增值税的福利效应,我国已经提出简化税制,降低税率的方法。"营改增"作为简化税制的主要体现,规定了现代服务行业纳税人捐赠给公益事业或者社会公众的不征收增值税，该规定使增值税的福利效应[①]得以提高。这为将来我国慈善增值税优惠进行统一立法规定做了铺垫。消费税以特定消费品为征税对象，具有调节收入差距，引导消费方向的功能。随着慈善范围的扩大及对慈善资源需求多样性的增加，越来越多属于消费税税目的商品成为捐赠者进行捐赠的形式以及慈善组织需求的对象。无论从调节收入分配的功能角度出发还是从通过以再次征税的方式引导消费的功能出发，作为慈善捐赠形式或者直接由慈善组织购买成为开展慈善活动的资源的消费税税目，都不应被作为课税对象。因为，慈善消费税优惠制度的规定能通过减免纳税人税负激励慈善捐赠，从而达到调节分配的功能；进入慈善领域的消费税税目已经不再以消费者的特殊目的而使用，而是慈善资源使用者基于慈善活动开展所必需的资源，所以不符合消费税征税要件。

虽然遗产税是调节财富分配的重要税种，世界各国通常也以此作为缩小贫富差距促进社会平等的工具。但我国开征遗产税还存在诸多亟待研究的问题。例如，法学角度的遗产概念和范围模糊；遗产税立法目的究竟以财政目的为主，还是以特定政策目的（例如财富重新分配并促进社会平等为目的）为主，不够明确或有交叉；遗产税立法的困境解读集中于我国没有建立财产登记制度等范围，忽略了对私人财产权保护构成限制是遗产税立法的主要困境之一。[②] 因此，将来我国遗产税立法中应确立其调整财富分配的立法目的，并在具体制度设计时加入慈善税收优惠的内容。

（二）增加慈善税种类型

从我国慈善所得税与慈善流转税并行发展方向以及国外慈善税种类型来看，未来我国慈善税种应当包括流转税中的增值税、消费税及其附加税

[①] 增值税的"福利效应"以该税种对收入分配效应为主要研究内容，具体研究是否由于增值税的税负转嫁导致消费者福利水平的降低。本书所指的福利效应指增值税在促进慈善事业方面的功能，使增值税纳税人（无论是形式上《中华人民共和国增值税暂行条例》规定的"销售货物或者提供加工、修理修配劳务以及进口货物的单位和个人"纳税人，还是实质上由于税负转嫁成为实际承担着的"消费者"）在作为慈善法律关系主体时能够获得税收上的优惠。
[②] 白晓峰. 遗产税立法的困境与路径选择 [J]. 法学论坛，2014（3）：95 – 103.

以及慈善财产税中的遗产税、城镇土地使用税、契税、车船税、车辆购置税等。特别是对捐赠者而言，目前只有所得税、契税、土地增值税和印花税等进行了常规性立法。捐赠者以实物、有价证券、无形资产等增值税课税对象为捐赠行为的将被视同销售进行课税；就慈善财产税而言，捐赠者不动产使用权的捐赠、对车船所有权或使用权的赠与仍然无法获得税收优惠支持。

在商品税中增加慈善税收优惠的内容，大多数国家以免征应纳税额的方式进行规定。例如，法国《租税总法典》规定对互益性慈善组织开展的经营行为免征增值税，以及美国对支持慈善事业的非营利组织进行的销售行为免征销售税等。我国在进行慈善增值税优惠制度规定时应注意进项税抵扣的问题。目前《营业税改征增值税试点实施办法》（以下简称《试点实施办法》）第十四条虽然已经将单位或者个体工商户进行的公益性捐赠排除在征税范围之外，依据《营业税改征增值税试点有关事项的规定》，该公益性捐赠属于不征收增值税项目，而《试点实施办法》第二十七条规定免征增值税项目不得从销项税额中抵扣。也就是说，作为捐赠者的单位或个体工商户进行的货物需自行承担不能抵扣进项税额的成本。本书认为，可考虑将经营者进行货物捐赠承担的进项税额作为实物捐赠价值的一部分，以此鼓励经营者进行货物捐赠，以应对突发事件情况下对实物形式慈善物资的需求。因为，将经营者进行的货物捐赠视为销售处理能使该捐赠获得进项税额的抵扣，所以赋予作为捐赠者的经营者以选择的权利更有利于激励经营者进行实物捐赠。关于慈善组织的经营行为能否被免于征收增值税及其理论依据，本书将在下文有关慈善组织免税资格获取一部分详细论述。

我国财产税大都采用比例税的课征方式，而对于采取比例税率征收的税种，其慈善捐赠税收优惠的方式从国外和我国台湾地区现行的规定来看，主要以税前扣除、降低征收率的方式给予优惠。例如，美国《国内税收法典》规定，遗产税慈善捐赠的可税前全额扣除；欧盟成员国比利时规定，如受赠人为非营利组织，其征收率可由80%降低至7%。我国设计遗产税征收办法时，对捐赠主体以遗产进行慈善捐赠的，可参考比利时的规定，依据遗产捐赠主体的身份给予不同的优惠方式。我国现行土地增值税对赠予、无偿转让国有土地使用权、地上的建筑物及其附着物的免税。城镇土地使用税是对城镇土地使用权持有人征税，该税种尚不存在慈善税收优惠的内容，但在以前，一些税收应急政策中，用于慈善救灾救助的城镇土地免征城镇土地使用税。对城镇土地使用税慈善税收优惠制度的立法，本书建议从城镇土地使用权受赠人及捐赠人两方面着手。城镇土地使用权持有人，将城镇土地无偿借与慈善组织开展慈善活动使用的，在慈善组织使用期间免征城镇土地使用税；将城镇土地使用权无偿转让给慈善组织的，受赠人为慈善组织时免征其城镇土地使用税。我国的《契税暂行条例》已经规定，"国家机关、事业单位、社会团体、军事单位承受土地、房屋用于办公、教学、医疗、科研和军事设施的，免征"契税，但对免税对象、使用范围规定过于狭窄，造成慈善组织之间税收优惠享受的差异，不符合税收公平的原则。本书建议对慈善契税优惠制度的规定应在现有基础上扩大免税的慈善组织类型，同时增加土地、房屋的慈善用途，使其与《慈善法》关于慈善活动范围的规定对接。车船税和车辆购置税都是针对"准不动产"征收的税种。虽然我国《车船税法》已经规定，"对节约能源、使用新能源的车船可以减征或者免征车船税；对受严重自然灾害影响纳税困难以及有其他特殊原因确需减税、免税的，可以减征或者免征车船税"，但缺乏对慈善组织开展慈善活动购置必需的车、船享受税收减免的明确规定，且没有对慈善组织处理受赠、购置的车辆、船舶时承受人是否享受车船税减免进行规定。这不符合税收法定原则，车船税立法应适时予以明确。《关于支持汶川地震灾后恢复重建有关税收政策问题的通知》规定："对专项用于抗震救灾和灾后恢复重建、能够提供由县级以上（含县级）人民政府或其授权单位出具的抗震救灾证明的新购特种车辆，免征车辆购置税。符合免税条件但已经征税的特种车辆，退还已征税款。"该规章虽已经失效，但其能够证明车辆购置税通过给予慈善组织或者进行慈善捐赠的主体以免税的优惠，促进慈善事业的发展。因此，车辆购置税慈善税收优惠的立法应从慈善组织在购进、受赠用于慈善活动的车辆时免于被征收车辆购置税。同时也应对慈善组织处理车辆的承受人免征该税。为鼓励社会积极支持慈善工作，捐赠人以购进的车辆进行慈善捐赠的，在符合慈善活动开展必要的前提下可退还其已征的税款。

（三）丰富慈善税收优惠的税率形式

以慈善所得税为主的慈善税制结构也影响我国慈善税率的形成。我国慈善税率以税前扣除为主，扣除的比例受受赠非营利组织类型、捐赠人性质、捐赠方式、形式的影响分为按统一比例扣除和全额扣除。对捐赠额实行税前扣除有利于激发捐赠人的捐赠意愿，是各国目前采取的主要方式。但随着各国慈善税法的实施也出现诸多对该制度的批判，例如，税前扣除的效率问题，因为税前扣除会减损政府财政收入，势必会对该税式支出提出相应的效率要求。也就是说，政府以税前扣除的方式支持慈善事业的发展，该支出能否比由政府来运作该部分税收收入获得更大的慈善效率。国外慈善税率形式还包括了税额抵扣、受益方案和指定方案。本书建议，对国家极力扶持的慈善事业可考虑采用税额抵扣的方式。在税额抵扣的具体方式上可通过规定抵扣占应税所得的比例，或者规定抵扣额占捐赠总额的一定比例，来控制这种优惠方式可能导致的税式支出的规模。受益指定方案其实更多的是给予捐赠者以名义上的慈善组织受益指定权。因此，对希望能够把握慈善资源用途的捐赠者，可采取此种优惠方式。这种优惠方式更适合于现代慈善事业，例如，教育、医疗、环境保护等领域。

二、慈善税收优惠具体内容度的完善

获得税收优惠不仅依靠完善的慈善税收优惠法律制度，而且需要能使慈善法律关系主体切实获得优惠的程序性配套制度。由于慈善税收优惠主要享有者为慈善组织和捐赠者，因此该部分从慈善组织和捐赠者获得优惠所需的配套制度出发，借鉴国外的相关立法经验提出完善建议。

（一）慈善组织取得免税资格与税前扣除资格的制度

1. 扩大慈善组织获得免税优惠的范围

虽然我国慈善组织享受税收优惠的税种已经比较全面，但慈善组织免税所得的范围仍限制在狭窄区域，并且对经营性所得不分最终用途被征收所得税、各种流转税。导致该现象的主要原因是慈善组织税收优惠制度的建立受法律工具主义思想的影响。各慈善税收优惠的税种沦为国家宏观调控的工具，而非真正遵循税法的课税理论和以促进慈善事业发展为目的。为使现行慈善组织获得的免税范围实体上更广泛以及在程序上更简便，应转变目前对慈善组织税收优惠立法的课税理论。课税理论是有关纳税主体及其行为是否应被纳入课税对象的问题。前文已经分析了当前我国税收的课税理论不适用于构建我国的慈善税收优惠制度。在该理论指导下，依据"行为性质"所确立的课税范围影响了慈善事业发展核心主体——慈善组织的利益。本书认为，目前将慈善组织的经营行为与营利性组织的行为"一视同仁"对待，并不能实现税收公平，反而会影响慈善税收优惠法律制度的统一性。

慈善税制既要对慈善组织的行为进行规制，同时通过税收优惠的形式鼓励该类组织发展，主要基于以下两方面的原因：一是法内之理，减免税收优惠有利于非营利组织开展慈善活动，并且符合税收基本原理；二是法外之理，慈善组织在促进慈善事业发展所起的作用与税收的社会公益性功能契合。在所得税方面，我国非营利组织享受税收优惠的内容包括免税资格和税前扣除资格。非营利性组织的所得主要来源于募捐受赠所得和自身营利活动所得。所得税对所得课税，是因为私人获得所得在受法律保护的同时也承担着社会义务，所得负担的社会义务是通过征税机关以征税形式转化为公共利益实现的。因此，所得税的课税对象是附有社会义务的所得，但何为附有社会义务的所得？依据葛克昌教授所言，是指"借由市场（公众）交易而取得营业收入"。[①] 非营利组织受赠所得从性质来看不是以

---

① 葛克昌.所得税与宪法[M].北京：北京大学出版社，2004：10.

市场交易形式获取,并且该所得也不用于非营利组织内部分配,不具有营利的性质。所以非营利组织的受赠所得免税符合税收基本原理。但非营利组织的营利性所得是否应被免税?从表面上看,非营利组织从事营利活动时其公益性组织的身份已经切换为市场的一分子,从事的经营性活动所得是通过市场交易而取得。因此,非营利组织的经营性所得被课税无可厚非。但我们需要知道,所得税课税对象的根本不在于行为表面的营利或赠与而是最终所得是否附有社会义务。虽然非营利组织的营利性所得通过市场交易取得,但该所得最终是被投放于社会公共事务。一般市场主体所得依据规定课征所得税只承担部分社会义务,而非营利组织的营利性所得是全部都用来支持公益事业的,因此,对非营利组织的营利所得征税无异于对需要政府支持的公益事业征税,这不符合所得税法的课税基本理论。此外,即使对该所得以税收的形式收归国家所有,但最终以政府转移支付的形式重新被用于社会公共事务中。这其中也并没有产生更好的社会效益,反而妨碍慈善资源有效利用,并且不符合税收效率原则。税前扣除资格虽然并非直接赋予非营利组织的税收优惠,但拥有该资格的非营利组织可为捐赠人出具能够获得所得税收优惠的捐赠凭据。税前扣除资格的获得需经过财政、税务、民政等部门联合确认,无疑具有税前扣除资格的非营利组织更能得到公众的信任,其募捐的能力也会比没有该资格的非营利组织要强。此外,非营利组织除能够服务于捐赠主体帮助其实现内在的慈善意愿外,也使税收优惠激励慈善捐赠得以具体落实。若非有非营利组织这个中间主体的存在,由税务机关一一核实捐赠人的捐赠情况将极大增加税务核实成本。慈善捐赠税收优惠政策的具体实施将变得很困难。因此,赋予非营利组织税前扣除资格是税收效率原则的体现。"法之理在法内,更在法外",这一至理名言提醒我们对于法律问题基本原理的追求也应该跳出法学窠臼。美国学者对非营利组织享受免税资格的正当性从多角度进行分析,包括传统的辅助理论、资本结构理论、利他理论、税基定义理论、捐赠理论。[①] 传统的辅助理论也称为补贴理论，是慈善组织获取免税资格影响最大的传统理论之一。由于我国现行非营利组织所得税收优惠制度也受传统辅助理论的影响。所以，本书只就该理论主要内容进行介绍，其他相关理论暂不做详述。补贴理论的基本观点是，通过所得税减免为向社会提供公共产品或服务的慈善组织提供补贴。由著名的非营利组织研究专家霍普金斯提出。[②] 依据补贴理论，慈善组织所得无论其来源如何，只要最终用于实现和促进慈善事业就应获得税收优惠。各国对非营利组织免税优惠的规定实际上也遵循该理论。例如，美国最高法院判决非营利组织能从事营利行为，并且其所得只要用于慈善目的就能获得免税；德国和日本也分别对非营利组织从事经营性行为给予不同程度的优惠，包括免税、部分免税、经营所得按低税率征收以及按照一般营业所得征税等。

所以，我国非营利组织免税范围不能限于"被动所得"，[③] 还应拓展到积极的财产管理行为，特别是《慈善法》规定的慈善信托制度对财产的高效管理必然突破既有的非营利组织对财产的保值、增值的方法。因此，对非营利组织经营性所得应区分行为的性质与所得"最终用途"来给予税收优惠。对此，可借鉴法国对非营利组织经营性行为的识别流程，通过整体判定特定组织是否不具备营利性，该判定包括非营利组织所得的主要来源是否分配所得。该经营性行为与营利性企业的类似行为之间是否存在竞争关系；进而以经营性产品或服务的公开性、受众对象的范围为基础，判定非营利组的经营性产品是否作为市场中的普通商品或服务进行销售，得出非营利组织的行为是否为营利性行为。如果是，则非营业组织从事经营性行为征收增值税，否则不征收增值税。明确这些内容有利益减少非营利组织与税务机关之间就经营性所得是否被课增值税争议。同时，也能为非

[①] 转引自金锦萍. 论我国非营利组织所得税优惠政策及其法理基础 [J]. 求是学刊，2009 (1)：85-91.

[②] B. Hopkins. The Law of Tax Exempt Organizations [M]. Wiley, 1987：5.

[③] Rob Atkinson. Theories of the Federal Income Tax Exemption for Charities：Thesis, Antithesis, and Syntheses [J]. Stetson Law Review, 1991, (27)：98. 被动所得是指政府的财政补贴、会费、受赠收入、银行存款利息等。

营利组织就税收优惠享受范围作出明确指向。

2. 放宽慈善组织税前扣除资格获取条件

虽然税前扣除资格不能给予慈善组织以税收优惠，但拥有该资格能增强慈善组织的慈善募捐能力。一方面，目前我国税法只对捐赠给拥有税前扣除资格的慈善组织赋予税收优惠。因为这些慈善组织可以开具获得优惠的捐赠票据。另一方面，获得税前扣除资格的慈善组织的业务能力强、社会声誉也比较好，所以捐赠人进行捐赠一般会选择该类慈善组织作为受赠主体。依据《关于公益性捐赠税前扣除资格确认审批有关调整事项的通知》规定，由财政、税务部门会同民政部门对公益性社会团体的捐赠税前扣除资格联合进行审核确认。但三部门间审核职责划分不清，且申请条件严格。因此，我国获取该资格的非营利组织数量有限。税前扣除资格获取事关非营利组织慈善资源使用效率、社会声誉等因素，而这些条件在短时间内无法达到。为扶持新建立的非营利组织，我国可建立一种临时税前扣除资格。该资格的获取要件在成立时间上、社会声誉度、慈善资源运作效率上应该比正式的税前扣除资格的要求低。

（二）捐赠者获得税收优惠制度的完善

1. 结转扣除制度的完善

如前文所述，《企业所得税法》修正案草案已明确，超过年度利润总额12%的部分，准予结转以后三年内在计算应纳税所得额时扣除。但该规定缺乏具体操作规则。结转而来的捐赠额与当年捐赠额扣除的先后顺序问题并未解决。另外，我国《慈善法》规定能够进行结转扣除的除企业捐赠者外，还包括自然人和其他组织。因此，结转扣除制度在税收立法中的规定还存在缺漏，应补充自然人、其他组织结转扣除的年限及扣除的具体规则。本书认为，考虑到其他组织与企业间仅存在是否具有法人资格的差别，在捐赠的形式、方式及获得税收优惠上，目前税收立法并没有作出区别性规定。因此可考虑其他组织结转扣除制度的规定与企业的规定相同立法。而就自然人而言，目前国际上大多给予的结转扣除年限较企业要长，但避免在捐赠者间就适用该制度形成歧视性规定，可适当考虑自然人捐赠者结转扣除年限长于企业的规定。

2. 非货币性捐赠价值评估制度的完善

在非货币性捐赠越来越成为慈善捐赠的重要形式的前提下，完善实物捐赠价值评估的机制显得非常重要。一方面从促进税收公平视角对捐赠实物的扣除额应相当于其现金价值，使其与现金捐赠的扣除无差别；另一方面需防止捐赠人借由实物捐赠的高估价逃避税收的情形。我国《关于公益性捐赠税前扣除有关问题的通知》规定，公益性社会团体和县级以上人民政府及其组成部门和直属机构在接受捐赠时，捐赠资产的价值，按以下原则确认：（1）接受捐赠的货币性资产，应当按照实际收到的金额计算；（2）接受捐赠的非货币性资产，应当以其公允价值计算。捐赠方在向公益性社会团体和县级以上人民政府及其组成部门和直属机构捐赠时，应当提供注明捐赠非货币性资产公允价值的证明，如果不能提供上述证明，公益性社会团体和县级以上人民政府及其组成部门和直属机构不得向其开具公益性捐赠票据。

本章小结

我国慈善事业发展已初具规模，与慈善事业发展相关的法律和相关配套制度框架体系也逐步建立起来，为高质量发展的慈善事业奠定了社会基础和制度基础。慈善税制作为慈善法制的重要内容在整个慈善法制体系中承担着规范、激励和调节慈善事业发展的作用。针对目前我国慈善税制存在缺乏统一、明确的立法价值目标与基本原则不符的现状，本部分以高质量慈善事业发展为目标阐明慈善税制立法改革应符合当前我国慈善事业发展状况和税制结构的现状，并提出以慈善所得税以及慈善流转税为主的"双主体"模式。慈善事业的规范发展是当下我国慈善事业发展面临的挑战，对慈善事业的规范管理应从慈善组织这一重要载体着手。在《慈善法》改革过去对慈善组织的"双重管理体制"后,民政部门成为慈善组织最主要的管理主体,这为划分慈善法制的立法权奠定了重要基础,明确税务部门与慈善组织主管部门之间的职责权限,划分出慈善税制立法的主体,有利于提升慈善税制的体系性、完整性和协调性。从慈善事业发展现状可知,我国慈善事业领域发展并不平衡,慈善组织类型以社会团体、民办非企业单位为主,这与我国自上而下的慈善事业发展模式相关;同时,由于慈善税制更倾向对公立慈善组织给予优惠,因此其他类型的慈善组织较少。要推动高质量慈善事业发展,需要慈善税制平衡协调慈善事业内部发展不均的问题,这就需要对当前慈善税制存在相互矛盾的内容进行调整。

参 考 文 献

[1] 安体富,王海勇. 非营利组织税收制度:国际比较与改革取向 [J]. 地方财政研究,2005 (12):4-10.

[2] 毕天云,刘梦阳. 中国传统宗族福利体系初探 [J]. 山东社会科学,2014 (4):37-41.

[3] 彼德·布劳. 社会生活中的交换与权力 [M]. 孙非,等译. 北京:华夏出版社,2008.

[4] 博登海默. 法理学、法律哲学与法律方法 [Z]. 邓正来译. 北京:中国政法大学出版社,1999.

[5] 白晓峰. 遗产税立法的困境与路径选择 [J]. 法学论坛,2014 (3):95-103.

[6] 陈风,张万洪. 非营利组织税法规制论纲——观念更新与制度设计 [J]. 武汉大学学报(哲学社会科学版),2009 (5):609-613.

[7] 陈智明,郭永济,李伯钧. 两岸非营利组织租税问题之研究——经营管理面分析 [J]. 华人经济研究,2014 (1):131-152.

[8] 蔡勤禹,孔祥成. 近代民间组织兴起及与政府关系述论 [J]. 南京社会科学,2014 (5):150-156.

[9] 蔡琳.《慈善法》之善:对立法目标的法理阐释 [J]. 江淮论坛,2016 (4):26-31.

[10] 陈爱东,魏小文. 公共财政学 [M]. 四川:四川大学出版社,2011.

[11] 陈叶烽. 亲社会性行为及其社会偏好的分解 [J]. 经济研究,

2009 (12): 131-144.

[12] 财政部关于加强企业对外捐赠财务管理的通知 [J]. 财务与会计, 2003 (6): 70-71.

[13] 财政部关于企业公益性捐赠股权有关财务问题的通知 [N]. 中国税务报, 2009-11-16 (010).

[14] 陈日生, 陆岩. 美国税制的借鉴和启示 [J]. 涉外税务, 2012 (9): 36-40.

[15] 戴志勇. 放松社团登记有利长治久安 [N]. 南方周末, 2011-12-01 (F29).

[16] 樊丽明, 李昕凝. 世界各国税制结构变化趋向及思考 [J]. 税务研究, 2015 (1): 39-47.

[17] 葛伟军. 公司捐赠的慈善抵扣美国法的架构及对我国的启示 [J]. 中外法学, 2014 (5): 1337-1357.

[18] 国家税务总局. 中华民国工商税收史纲 [M]. 北京: 中国财政经济出版社 2001.

[19] 国家税务总局. 中华民国工商税收史（直接税卷）[M]. 北京: 中国财政经济出版社, 1996.

[20] 国家税务总局政策法规司课题组. 非营利组织税收制度研究 [J]. 税务研究 2004 (12): 2-10.

[21] 公维才, 薛兴利. 西方社会保障理念的嬗变及其启示——兼论社会保障制度中的政府职能 [J]. 中国特色社会主义研究, 2011 (4): 75-80.

[22] 郭小刚. 非营利组织税收问题研讨会热点综述 [J]. 社团管理研究, 2011 (1): 52-54.

[23] 顾骏. 重建中国慈善文化的若干要点 [Z]. 中华慈善文化论坛（无锡）暨首届市长慈善论坛, 2006.

[24] 国家统计局: 各项税收收入情况 [EB/OL]. https://data.stats.gov.cn/easyquery.htm?cn=C01&zb=A080401&sj=2020.

[25] 王正平, 李耀锋. 美国遗产税政策的伦理基础及其对社会道德

产生的影响［J］.湖北社会科学，2014（5）：51-56.

［26］柯格锺.非营利组织课税制度之德国法研究［J］.成大法学，2009（12）：103-151.

［27］郝琳琳.财产税功能探析［J］.法学杂志，2010（4）：109-111.

［28］胡加祥.国际经济法［M］.北京：高等教育出版社，2008.

［29］贺顺奎，滕晓勇.对加大企业公益性捐赠税收激励的思考［J］.涉外税务，2012（9）：74-76.

［30］黄浩源.法国税法上的非营利组织课税问题［J］.月旦法学杂志，2012（7）：52-66.

［31］黄凤羽.亲历美国销售税［J］.新理财（政府理财），2009（Z1）：125-126.

［32］何自强.税制结构国际发展新趋势与中国结构性减税之政策取向［J］.现代财经（天津财经大学学报），2011（10）：24-31，76.

［33］姜明安.行政法与行政诉讼法［M］.北京：北京大学出版社，2011.

［34］金锦萍.论我国非营利组织所得税优惠政策及其法理基础［J］.求是学刊，2009（1）：85-91.

［35］金锦萍.对非营利组织进行分类甄别是税收优惠制度的前提［J］.中国社会组织，2014（15）：12-13.

［36］林卡，吴昊.官办慈善与民间慈善：中国慈善事业发展的关键问题［J］.浙江大学学报（人文社会科学版），2012（4）：132-142.

［37］刘威.反思与前瞻——中国社会慈善救助发展六十年［J］.学术论坛，2009（12）：99-104.

［38］刘剑文，耿颖.税收法定原则的核心价值与定位探究［J］.郑州大学学报（哲学社会科学版），2016（1）：31-37.

［39］刘隆亨.税法学［M］.北京：中国人民公安大学出版社，人民法院出版社，2003.

［40］岳经纶，朱亚鹏.中国公共政策评论（第9卷）［M］.上海格

致出版社，2015.

［41］加里·贝克尔．家庭经济分析［M］．彭松建译．北京：华夏出版社，1987．

［42］李政辉．论非营利组织免税资格的法律正当性——以美国学说为借鉴对象［J］．上海财经大学学报，2015（2）：104－112．

［43］李小玲．提升我国非营利组织公信力研究［D］．开封：河南大学，2011．

［44］刘蓉，游振宇．非营利组织税法规制的法理分析与完善［J］．税务研究，2010（5）：14－18．

［45］卢慧菲．实物捐赠：税收成本比较高［N］．中国税务报，2006－08－18（006）．

［46］刘勇．《企业所得税法》中关于企业公益性非货币资产捐赠税前扣除规定研究［D］．兰州：兰州大学，2011．

［47］李鹏．儒家慈善意识与现代慈善理念［J］．四川大学学报（哲学社会科学版），2012（5）：145－149．

［48］李文海，朱浒．义和团运动时期江南绅商对战争难民的社会救助［J］．清史研究，2004（2）：17－26．

［49］李健．慈善法充分彰显现代慈善新理念［N］．光明日报，2016－03－25（10）．

［50］罗伯特·莱西曼．生者与死者的对话［M］．李胜福，等译，北京：时事出版社，1997．

［51］刘京．公益是和谐社会的新动力［J］．学会，2005（6）：17－18．

［52］罗文恩，周延风．中国慈善组织市场化研究——背景、模式与路径［J］．管理世界，2010（12）：65－73，89．

［53］栗燕杰．中国慈善税收减免制度的评估与展望——以慈善立法为背景的研究［J］．北京航空航天大学学报（社会科学版），2016（1）：66－75．

［54］伦玉君．完善我国税制结构的探讨［J］．税务研究，2014（6）：29－33．

[55] 廖鸿, 石国亮, 朱晓红. 国外非营利组织管理创新与启示 [M]. 北京: 中国言实出版社, 2011.

[56] 刘雨时, 高小枚. 慈善事业: 美、英的实践模式及其启示 [J]. 湖南商学院学报, 2014 (1): 80-85.

[57] 林淑馨: 日本《NPO》法的实施对非营利组织发展之影响分析 [J]. 第三部门学刊, 2007 (9): 131.

[58] 劳伦斯·M. 弗里德曼. 法律制度 [M]. 李琼英, 林欣, 译, 北京: 中国政法大学出版社, 1994.

[59] 刘剑文, 熊伟. 税法基础理论 [M]. 北京: 北京大学出版社, 2004.

[60] 马昕. 慈善组织的税收调节与跨部门认定监管 [J]. 中国民政, 2016 (4): 26-27.

[61] 谭家健, 陈中原. 墨子今注今译 [M]. 北京: 商务印书馆, 2009.

[62] 庞树奇, 王波. 中国慈善事业的纵横比较 [M]. 卢汉龙. 慈善、关爱与和谐. 上海: 上海社会科学院出版社, 2004: 12-36.

[63] 佩顿·穆迪. 慈善的意义与使命 [M]. 郭烁译, 北京: 中国劳动社会保障出版社, 2013.

[64] 钱俊文. 关于税收优惠正当性的考辨 [C]//财税法论丛 (第7卷). 北京: 法律出版社, 2005: 20.

[65] 史正保. 我国捐赠税收制度研究 [J]. 兰州大学学报 (社会科学版), 2009 (3): 82-90.

[66] 史竞艳. 现代慈善的起源、发展及特征 [J]. 思想战线, 2012 (3): 45-49.

[67] 史竞艳. 我国现代慈善事业发展问题研究 [D]. 上海: 复旦大学, 2013.

[68] 施正文. 分配正义与个人所得税法改革 [J]. 中国法学, 2011 (5): 32-43.

[69] 孙中民. 论我国慈善理念的变迁与政府职责 [J]. 理论导刊, 2009 (9): 11-13.

[70] 斯蒂格里茨. 经济学 [M]. 北京: 中国人民大学出版社, 2001.

[71] 杨利华. 美国慈善捐赠税收扣除制度的考察与思考 [J]. 北方法学, 2016 (3): 67-76.

[72] 王浩林. 支持慈善组织发展的财政制度研究 [D]. 大连: 东北财经大学, 2012.

[73] 王向南. 中国非营利组织发展的制度设计研究 [D]. 长春: 东北师范大学, 2014.

[74] 王鸿貌. 税收公平原则新论 [J]. 浙江学刊, 2005 (1): 179-181.

[75] 王国清, 马骁, 程谦. 财政学 [M]. 北京: 高等教育出版社, 2010.

[76] 汪昊, 樊天勤. 中美非营利组织税收政策比较研究 [J]. 税务研究, 2016 (2): 117-120.

[77] 王文素. 中国古代社会保障研究 [M]. 北京: 中国财政经济出版社, 2009.

[78] 王海燕. 捐赠身后房产, 阻力如何破 [N]. 解放日报, 2013-10-29 (13).

[79] 王霞. 税收优惠法律制度研究——以法律的规范性及正当性为视角 [M]. 北京: 法律出版社, 2012.

[80] 王守杰. 慈善理念从传统恩赐向现代公益的转型与重构 [J]. 河南师范大学学报 (哲学社会科学版), 2009 (2): 56-59.

[81] 王猛. 论中国慈善组织的近代转型 [J]. 南华大学学报 (社会科学版), 2015 (6): 68-73.

[82] 徐秋梅. 企业非货币性资产公益捐赠税前扣除的法律分析 [D]. 上海: 上海交通大学, 2013.

[83] 许捷. 我国非营利组织税收制度分析与建议 [J]. 税务研究,

2007 (6): 24-27.

[84] 姚俭建, Janet Collins. 美国慈善事业的现状分析: 一种比较视角 [J]. 上海交通大学学报 (哲学社会科学版), 2003 (1): 13-18, 47.

[85] 叶金育, 顾德瑞. 税收优惠的规范审查与实施评估——以比例原则为分析工具 [J]. 现代法学, 2013 (6): 171-183.

[86] 叶姗. 社会财富第三次分配的法律促进——基于公益性捐赠税前扣除限额的分析 [J]. 当代法学, 2012 (6): 117-126.

[87] 杨方方. 慈善经济学研究进展 [J]. 经济学动态, 2014 (6): 124-137.

[88] 张立荣, 姜庆志. 组织工程视角下的非营利组织信任危机治理进路探究 [J]. 中国行政管理, 2013 (9): 104-108.

[89] 周超. 企业慈善捐赠方式研究 [D]. 上海: 同济大学, 2008.

[90] 周中之. 当代中国慈善伦理的理想与现实 [J]. 河北大学学报 (哲学社会科学版), 2011 (3): 12-18.

[91] 周秋光. 中国近代慈善事业研究 (上) [M]. 天津: 天津古籍出版社, 2013.

[92] 周秋光, 徐美辉. 论近代慈善思想的形成与发展 [J]. 湖南师范大学社会科学学报, 2005 (5): 111-116.

[93] 周秋光, 曾桂林. 近代慈善事业的基本特征 [N]. 光明日报, 2004-12-14.

[94] 周秋光, 王猛. 当代中国慈善发展转型中的抉择 [J]. 上海财经大学学报, 2015 (1): 78-87.

[95] 周秋光, 王猛. 近代中国慈善组织: 转型背景下的运作机制及其内外关系与作用 [J]. 求索, 2014 (1): 17-25.

[96] 张守军. 中国古代的赋税与劳役 [M]. 北京: 中国国际广播出版社, 2010.

[97] 曾桂林. 民国时期慈善法制研究 [D]. 苏州: 苏州大学, 2009.

[98] 曾桂林. 民国时期的慈善法制建设及其经验教训 [J]. 史学月

刊，2013（3）：16-19．

[99] 周灵方．法的价值冲突与选择——兼论法的正义价值之优先性[J]．伦理学研究，2011（6）：110-115．

[100] 周中之．当代中国慈善伦理的价值及其理论建构[J]．齐鲁学刊，2013（1）：64-68．

[101] 张晓丽，蔡秀云，王佳赫．税收激励慈善捐赠事业的效率评析[J]．税务研究，2015（12）：106-110．

[102] 张奇林．《慈善法》与中国慈善事业的可持续发展[J]．江淮论坛，2016（4）：10-15．

[103] 张楠，彭海斌．间接税的累进性与再分配效应测算[J]．财经科学，2018（1）：111-122．

[104] 朱景文．法理学[M]．北京：中国人民大学出版社，2008．

[105] 能见善久．现代信托法论[M]．赵廉慧译．北京：中国法制出版社，2011．

[106] 张守文．收益的可税性[J]．法学评论，2001（6）：18-25．

[107] 张敬石，胡雍．美国个人所得税制度及对我国的启示[J]．税务与经济，2016（1）：97-102．

[108] 2015年我国捐赠额破1100亿创历史新高[J]．中国民政，2016（23）：2．

[109] 中国慈善捐助报告发布2014年捐赠总额再破千亿[EB/OL]．http：//www.zmcs.org.cn/pic/7800.jhtml．

[110] 民政部民间组织管理局德国、瑞典考察团．德国、瑞典政府向社会组织购买服务情况考察报告[J]．中国社会组织，2013（11）：27-30．

[111] 周旭亮．非营利组织"第三次分配"的财税激励制度研究[D]．济南：山东大学，2010．

[112] 王向南．中国非营利组织发展的制度设计研究[D]．长春：东北师范大学，2014．

[113] 张豪，张向前．日本非营利组织监管机制创新及启示[J]．国

外社会科学, 2016 (2): 28 -34.

[114] Andreoni J & Payne A A. Is crowding out due entirely t o fundraising? Evidence from a panel of charities [J]. Journal of Public Economics (2011), 95 (5): 334 -343.

[115] American Nonprofit Law in Comparative Perspective, Washington University Global Studies Law Review 10 Wash. U. Global Stud. L. Rev. 39.

[116] Brooks A C. Welfare receipt and private charity [J]. Public Budgeting and Finance, 2002, 22 (3): 100 -114.

[117] Brooks A C. The effects of public policy on private charity [J]. Administration & Society, 2004, 36 (2): 166 -185.

[118] Brooks A C. Is there a dark side to government support f or nonprofits? [J]. Public Administration Review, 2000, 60 (3): 211 - 218.

[119] Bob Enders. Tax Incentives: An Economic Basis for Charitable Giving [EB/OL]. http: /learning to give org/papers/paper63. html.

[120] B. Hopkins, The Law of Tax Exempt Organizations [M]. Wiley, 1987: 5.

[121] Case C -25/10, Missionwerk, 2011 E. C. R. I -00497 at P 8.

[122] Case C -10/10, Comm'n v. Austria, 2011 E. C. R. I -05389, P 5 (holding that an Austrian law violated Article 40 of the EEA Agreement by referring exclusively to institutions established in Austria).

[123] CE, ler. 1999, n° 170289, Assoc. Jeune France: Dr. f isc. 2000, n°7, comm. 106, concl. J.

[124] CE, 8e et 3e ss-sect. , 21 nov. 2007, n°291375, Association Services informat iques et consei Is.

[125] David Moore, The Fiscal Framework for Corporate Philanthropy in CEE and NIS, 6 Int'l J. Not-for-Profit L. 2 (2004) .

[126] Case C -25/10, Missionwerk, 2011 E. C. R. I -00497 at P 8.

[127] Douglas W. Elmendorf. The Distribution of Household Income and

Federal Taxes, 2008 and 2009 [R]. Congress of the United States Congressional Budget Office, 2012: 14.

[128] Eckel C & Grossman P. Rebate versus matching: Does how we subsidize charitable contributions matter [J]. Journal of Public Economics, 2003, 87 (3): 681 -701.

[129] Fleisher M P. Generous to a Fault? Fair Shares and Charitable Giving [J]. Minnesota Law Review, 2008 (11): 93.

[130] Giuliana Gemelli, Italy, in The State of Giving Research in Europe: Household Donations to Charitable Organizations in Twelve European Countries 42, 45 (Pamala Wiepking ed., 2009).

[131] Hansmann H B. The Role of Nonprofit Enter-prise [J]. Yale law Journal, 1980 (5): 108.

[132] Independent Departments and Tax Laws: Define charity in real democracy [J]. January Southern California Law Review, 1991 (64): 461.

[133] N. Y. Real Property Tax Law § 420 (a) (Real property tax exemption).

[134] N. Y. Tax Law § 1116 (a) (Sales tax exemption).

[135] Urban Institute, National Center for Charitable Statistics [EB/OL]. http: //nccsdataweb. urban. org/PubApps/profileDrillDown. php? rpt = US-STATE.

[136] Winter, 2014 The Yale Journal of International Law39 Yale J. Int'l L. 87.

[137] Timm Bönke, Nima Massarrat-Mashhadi, Christian Sielaff. Charitable giving in the German welfare state: Fiscal incentives and crowding out [J]. Public Choice, 2013 (154): 39 - 58.

[138] Sweetened Charity [J]. The Economist, 2012, 430 (8788):29 -32.

[139] Council on Foundations, U. S. International Grantmaking-Germany 8 (Aug. 2009), [EB/OL]. http: //www. usig. org/ICNL/countryinfo/PDF/Ger-

many. pdf.

[140] The Internal Revenue Service [EB/OL]. http://www.irs.gov/Charities-&-Non- Profits/Charitable-Organizations/Life-Cycle-of-a-Public-Charity-Private-Foundation.

[141] Rob Atkinson. Theories of the Federal Income Tax Exemption for Charities: Thesis, Antithesis, and Syntheses [J]. Stetson Law Review, 1991 (27): 56.

[142] A Case Study of A Private Foundation's Governance and Self-Interested Fiduciaries Calls for Further Regulation.

结　语

　　《慈善法》的实施为我国慈善事业发展打开了新篇章，其所确立的现代慈善事业"以人为本"的慈善理念及科学化的发展方式，成为将来我国慈善事业发展的方向。现代慈善事业促进社会和谐及文化多元、弥补政府与市场失灵，使其具有以往慈善发展无法达到的社会功能。同时，现代慈善事业是一种独立型慈善事业发展方式，有别于我国之前慈善事业受制于政府的状态。现代慈善事业在发挥其强大的社会功能的同时也扩大了对慈善资源的需求。目前由于我国慈善税收优惠制度指导思想偏差、基本原则缺失以及具体制度设计不合理，导致其无法适应现代慈善事业发展的需求。为促进我国慈善事业的发展，借鉴其他国家慈善税收优惠法律制度的规定，本书认为应当确立科学的慈善税收优惠法律制度的指导思想，建立慈善所得税和慈善商品税为主的慈善税收优惠制度结构体系；正确厘定慈善税收优惠的基本原则，使慈善税收优惠立法在利益平衡和结构均衡原则的指导下建立起能够促进现代慈善事业发展的具体制度；完善现行慈善税收优惠配套的法律制度，使慈善组织不因性质差异而无法获得慈善税收优惠公平待遇；扩大慈善组织免税的范围，完善捐赠人享受税收优惠的结转扣除制度和评估制度，以使捐赠人获得优惠更加方便、可靠。